이창민 교수는 대표적인 도시 개발 및 도시 재생 연구자로, 한국부동산개발협회 최고경영자과정(ARP)과 차세대 디벨로퍼과정(ARPY)의 주임교수로 활동 중입니다. 30년 넘게 뉴욕, 런던, 파리 등 270여 개 도시의 개발 및 재생 사례를 면밀히 조사하며 도시 경제와 부동산 분야를 연구하고 있으며, 『스토리텔링을 통한 공간의 가치』(2020, 세종도서 교양부문 선정), 『도시의 얼굴』, 『사유하는 스위스』, 『해외인턴 어디까지 알고 있니』 등을 썼습니다. 또한 사단법인 공공협력원 재단의 원장으로서 지속가능한 지역 개발, 글로벌 인재 양성, 나눔 실천, 문화예술 발전에 기여하는 동시에 도시경제학 박사로서 유럽 도시문화공유연구소의 소장직을 맡아 세계 도시들의 문화 경제적 가치를 심도 있게 연구하고 있습니다.

 hh902087@gmail.com   https://travelhunter.co.kr   @chang.min.lee

도시의 얼굴 – 암스테르담·로테르담

개정판 1쇄 발행 2024년 11월 15일

지은이	이창민
펴낸이	조정훈
펴낸곳	(주)위에스앤에스(We SNS Corp.)

진행	박지영, 백나혜
편집	상현숙
디자인 및 제작	아르떼203(안광욱, 강희구, 곽수진) (02) 323-4893

등록	제 2019-00227호(2019년 10월 18일)
주소	서울특별시 서초구 강남대로 373 위워크 강남점 11-111호
전화	(02) 777-1778
팩스	(02) 777-0131
이메일	ipcoll2014@daum.net

ⓒ 2024 이창민
저작권자의 사전동의 없이 이 책의 전재나 복제를 금합니다.

ISBN 979-11-978576-4-5
세트 979-11-978576-9-0

- 이미지 설명에 * 표시된 것은 위키피디아의 자료입니다.
- 소장자 및 저작권자를 확인하지 못한 이미지는 추후 정보를 확인하는 대로 적법한 절차를 밟겠습니다.
- 이 책에 대한 의견이나 잘못된 내용에 대한 수정 정보는 아래 이메일로 알려주십시오.
  E-mail: h902087@hanmail.net

도시의 얼굴

암스테르담 로테르담

이창민 지음

(주)위에스앤에스
We SNS Corp.

《도시의 얼굴 - 암스테르담·로테르담》을 펴내며

오늘날 해외 여행이나 출장은 인근 지역으로 떠나는 일과 다름없는 일상적인 경험이 되었습니다. 인공지능(AI), 크라우드, 빅데이터, 사물인터넷(IoT)과 같은 정보통신 기술의 급격한 발전 덕분에 우리는 온라인과 오프라인에서 세계 어느 도시든 손쉽게 만날 수 있는 시대를 살아가고 있습니다. 젊었을 때 열심히 저축하고 나이가 들어 은퇴한 후에야 해외 여행을 계획했던 이전 세대와는 달리, 지금의 세대는 더욱 적극적이고 다양한 형태의 여행을 즐기고 있습니다. 이러한 변화는 단순히 여행 방식의 변화를 넘어, 도시와 도시민을 바라보는 우리의 관점에도 큰 영향을 미치고 있습니다.

《도시의 얼굴 - 암스테르담·로테르담》은 이러한 시대적 요구에 부응하여, 필자가 경험했고 기억하는 네덜란드의 두 대표적인 도시인 암스테르담과 로테르담을 다각도로 조명하고 그 속에 숨겨진 깊은 이야기를 독자들에게 전달하고자 합니다. 필자는 지난 30여 년 동안 70여 개국 이상의 국가를 방문하며 270여 개의 도시를 경험해 왔으며, 그 과정에서 각 도시가 지닌 고유한 얼굴과 정체성을 깨닫게 되었습니다. 도시는 그곳의 역사, 문화, 경제, 그리고 사회적 배경에 따라 독특한 정체성을 형성하며, 이러한 다양성은 도시의 본질을 이루는 중요한 요소가 됩니다.

암스테르담은 그 특유의 운하와 아름다운 꽃, 특히 튤립으로 유명한 도시로, 문화와 관광의 중심지이자 물류 허브로서의 역할을 해 왔습니다. 현대 건축의 경연장으로도 알려져 있으며, 국제 금융 업무 도시로도 자리 잡고 있습니다. 또한 암스테르담은 유럽의 '멜팅 팟(Melting Pot)'으로 불리며, 170개국 이상의 다양한 인구가 모여 있는 유럽의 스마트 시티입니다. 이 도시는 자전거 문화로도 유명하며, 글로벌 500대 기업의 본사가 위치한 창의적이고 활기 넘치는 도시입

니다.

　로테르담은 유럽의 무역과 해운, 물류업의 중심지로서 암스테르담과는 또 다른 매력을 가지고 있습니다. 로테르담은 '운하의 도시'라는 공통점을 가지고 있지만, 네덜란드 건축의 수도로서 다양한 현대 건축물이 돋보이는 도시입니다. 이 도시는 제2차 세계대전 동안 독일군의 폭격으로 거의 전멸하다시피 했지만, 이후 혁신적이고 창의적인 건축과 도시 재생을 통해 새로운 도시로 거듭났습니다. 오늘날 로테르담은 유럽에서 가장 국제화된 도시 중 하나로, 인구의 45%가 외국인으로 구성되어 있습니다.

　암스테르담의 역사는 1170년대 홍수로 인해 다리와 댐을 건설하며 마을이 형성된 것에서 시작되었으며, 14세기 초 도시로 승격되어 한자동맹의 무역업 성행으로 황금시대를 맞이했습니다. 이후 19세기에는 제2의 황금시대를 통해 새로운 박물관과 센트럴역 등 인프라가 확장되었고, 20세기에는 제2차 세계대전의 아픔을 겪으며 유태인 공동체가 소멸하는 비극을 맞았습니다. 그러나 21세기에는 암스테르담 2040 마스터 플랜을 통해 혁신적 도시 재생과 스마트 시티 건설에 앞장서고 있습니다.

　로테르담은 1260년 홍수가 잦은 작은 어촌에 댐을 만들면서 도시가 형성되었으며, 1340년 빌렘 4세 국왕으로부터 도시 권리를 부여받았습니다. 제2차 세계대전 당시 독일군의 폭격으로 도시 전체가 파괴되었지만, 1970년대부터 파괴된 도시를 혁신적이고 창의적으로 재건하는 도시 재생이 시작되었습니다. 오늘날 로테르담은 다양한 현대 건축물들이 돋보이는 도시로서, 실험적이고 창의적인 허브로 자리 잡았습니다.

　암스테르담과 로테르담은 단순한 도시가 아닙니다. 이 두 도시는 과거와 현재, 그리고 미래가 공존하는 살아 있는 역사서입니다. 각각의 도시는 다양한 시대를 거치며, 그 속에 수많은 인류의 이야기를 품어 왔습니다. 도시의 건축물, 거리, 공원, 그리고 그 속에 사는 사람들은 모두 이 거대한 도시의 일부이며, 이들이 만들어 낸 이야기는 그 자체로 하나의 문명입니다.

우리는 이러한 도시들의 이야기를 통해 몇 가지 중요한 질문을 던질 필요가 있습니다. 우리는 어떤 도시에 살아야 하는가? 후손들에게 어떤 도시를 물려줄 것인가? 행복하고 아름답고 경쟁력 있는 도시는 누가 만드는가? 현대 사회에서 우리는 도시의 역할과 그 미래에 대해 깊이 생각해 보아야 할 시점에 와 있습니다. 도시화, 기술 발전, 인구 변화, 그리고 세계화는 우리가 살아가는 도시의 모습을 빠르게 변화시키고 있으며, 이러한 변화 속에서 도시가 어떻게 지속가능하게 발전할 수 있을지 고민해야 합니다.

도시는 단순히 사람들이 모여 사는 장소를 넘어, 미래의 가치를 실현하는 중요한 공간입니다. 지속가능한 지역사회로서, 도시는 모든 사람들이 협력하여 평등한 기회를 누리고 훌륭한 서비스를 제공받을 수 있는 곳이어야 합니다. 최근 전 세계의 주요 도시들은 경쟁력을 확보하기 위해 창의적인 아이디어를 반영한 혁신적 도시 개념을 도입하고 있으며, 우수한 인재를 유치하기 위한 다양한 인프라를 강화하고 있습니다. 특히 과학적 혁신을 기반으로 한 도시 발전은 재능 있는 인재들이 체류하고 근무할 수 있는 환경을 제공하는 데 중점을 두고 있습니다.

암스테르담, 로테르담과 같은 메트로폴리스는 항상 인류 발전의 원동력이 되어 왔습니다. 그러나 21세기에 들어서면서 이들 도시는 새로운 도전에 직면하고 있습니다. 불평등의 심화, 도시의 양극화, 그리고 기후 변화와 같은 문제들이 도시의 번영을 위협하고 있습니다. 세계화와 기술 진보는 세상을 더 평평하게 만들 것이라는 희망을 품게 했지만, 실제로는 그렇지 않았습니다. 오히려 세상은 점점 더 뾰족해지고 있습니다. 암스테르담, 로테르담과 같은 도시에서 이러한 경향은 더욱 뚜렷하게 나타나고 있습니다.

팬데믹 이후, 원격 근무의 확산은 도시의 상업 지역에 큰 충격을 주었고, 이는 도시의 경제와 사회적 구조에 깊은 영향을 미치고 있습니다. 이러한 변화 속에서 이 두 도시는 새로운 방향성을 모색해야 합니다. 유연한 근무 환경과 창의적 상호작용의 조화를 이루기 위해 도시의 역할은 더욱 중요해졌으며, 지속가능한 발전을 위해서는 더 저렴한 주택과 효율적인 대중교통, 그리고 환경 친화적인 도시 개발이 필요합니다.

《도시의 얼굴 - 암스테르담·로테르담》은 이러한 변화 속에서 이 두 도시의 주요 랜드마크와 명소들뿐만 아니라, 그 이면에 숨겨진 이야기를 탐구합니다. 밸리 암스테르담, 로테르담의 큐브 하우스 등은 단순한 건축물이 아니라, 이들 도시의 역사와 현재, 그리고 미래를 잇는 중요한 연결 고리입니다. 이 책은 이러한 장소들이 어떻게 암스테르담과 로테르담의 정체성을 형성했는지, 그리고 앞으로 어떤 역할을 할 것인지를 조명합니다.

이 책이 단순히 암스테르담과 로테르담을 소개하는 데 그치지 않고, 도시가 어떻게 발전하고 변화하며, 또 어떤 도전에 직면하고 있는지 이해하는 데 도움이 되기를 바랍니다. 필자는 책에 담긴 내용을 보다 현실감 있게 다루기 위해 현지 도시에 직접 여러 차례 방문하고, 그곳에서 체험하며 책을 집필했습니다. 도시를 사랑하고, 여행을 즐기며, 도시의 역사와 문화를 공부하는 모든 이들에게 이 책이 작은 영감이 되기를 기대합니다.

마지막으로, 이 책이 세상에 나올 수 있도록 아낌없는 격려와 지원을 보내 주신 한국 부동산개발협회 창조도시부동산융합 최고경영자과정(ARP)과 차세대 디벨로퍼 과정(ARPY) 가족 여러분, 그리고 김원진 변호사님, 정호경 대표님 등 사회 공헌 가치에 공감하고 동참해 주시는 공공협력원 가족 여러분, 1년여 동안 책의 출판을 위해 도와주셨던 아르떼203 여러분, 그리고 저를 아껴 주시는 모든 분들께 감사의 말씀을 전합니다.

암스테르담과 로테르담이라는 두 도시의 특별한 얼굴을 발견하고, 그 안에 담긴 이야기를 깊이 있게 이해하는 여정이 되기를 바랍니다.

2024년 11월 이 창 민

목차

《도시의 얼굴-암스테르담·로테르담》을 펴내며 004

1. 네덜란드 개황 015

암스테르담

2. 암스테르담의 도시 재생 및 개발 정책과 현황 035

3. 암스테르담의 주요 랜드마크 049
  1. 밸리 암스테르담 050
  2. 베스터하스파브릭 057
  3. NDSM 062
  4. 아이 필름 뮤지엄 070
  5. 아담 룩아웃 075
  6. 하이네켄 익스피리언스 078
  7. 파크랜드 빌딩 081
  8. 이스턴 도클랜드 084
  9. 아이 엠 스테르담 104
  10. 니모 과학 박물관 106
  11. 실로담 109
  12. 보조코스 하우신 112
  13. 요르단 거리 114
  14. 더 할런 117
  15. 크리스탈 하우스 121
  16. 슬라위스하위스 레지던스 123
  17. 디 엣지 첨단 사무실 125
  18. 마흐나 플라자 127
  19. 스타벅스 더 뱅크 콘셉트 스토어 130

Amsterdam
Rotterdam

4. 암스테르담의 주요 명소 ········ 133
   1. 암스테르담 운하 ········ 134
   2. 담 스퀘어 ········ 136
   3. 암스테르담 국립 미술관 ········ 138
   4. 반 고흐 미술관 ········ 140
   5. 모코 미술관 ········ 143
   6. 안네 프랑크의 집 ········ 145
   7. 렘브란트의 집 ········ 147
   8. 암스테르담 중앙역 ········ 150
   9. 블로멘마크트 ········ 153
   10. 베잉코르프 백화점 ········ 155
   11. W 호텔 ········ 158
   12. 하를레머르 치즈 전문점 ········ 160
   13. 팬케이크 베이커리 ········ 162
   14. 폰덜 파크 ········ 164
   15. 잔세 스칸스 풍차 마을 ········ 167
   16. 자전거 주차장 ········ 169

로테르담

5. 로테르담의 도시 재생 및 개발 정책과 현황 ········ 171
6. 로테르담의 주요 랜드마크 ········ 185
   1. 마르크트할 ········ 186
   2. 로테르담 중앙역 ········ 192
   3. 큐브 하우스 ········ 198
   4. 에라스무스 다리 ········ 202

5. 콥 판 자위트 ·· 206
6. 더 로테르담 ·· 213
7. 페닉스 푸드 팩토리 ·· 217
8. HNI ··· 220
9. 레인반 ·· 226
10. 뤼흐칭얼 다리 ··· 230
11. 레드 애플 ··· 234
12. 스하우뷔르흐플레인 광장 ·· 237
13. 티메르 하위스 ·· 240
14. 더 흐루너 카프 ··· 244
15. 리틀 C, 콜하번 ··· 247
16. 베스칭얼 조각길 ··· 250
17. 블락 31 ·· 253
18. 빌렘스워프 ··· 256
19. 칼립소 로테르담 ··· 259
20. 네덜란드 사진 박물관 ··· 261
21. 로테르담의 기타 건물들 ··· 264

7. 로테르담의 주요 명소 ·· 267

1. 더 폿 보이만스 판 뵈닝언 미술관 수장고와 로테르담 박물관 공원 ······ 268
2. 로테르담 시청사 ··· 278
3. 에라스무스 대학 ··· 280
4. 코다르츠 예술 대학 ·· 283
5. 비터 더 비츠트라트 ·· 287
6. 플로팅 파빌리온 ··· 289
7. 호텔 뉴욕 ··· 292
8. 킨더다이크 ··· 294

**Amsterdam
Rotterdam**

9. 흐로트한델스헤바우언 ··· 297
10. 미니월드 로테르담 ··· 299
11. 로테르담 자연사 박물관 ··· 301
12. 유로마스트 ··· 303
13. 헷 파크 ··· 306
14. 로테르담 극장 ··· 307
15. 마스 터널 ··· 308
16. 코닝이네브뤼흐 ··· 310
17. 빌렘스브뤼흐 ··· 311
18. 파울뤼스 교회 ··· 312
19. 포드할런 로테르담 ··· 314
20. 모이어 바울러스 ··· 316
21. 보트 택시 ··· 318
22. MVRDV 건축 설계 사무실 ··· 320

8. 기타 자료 ··· 323
9. 참고 문헌 및 자료 ··· 327

네덜란드 (Netherlands)
전체 지도 및 주요 도시

지역 (한글)	지역 (영문)
프리슬란트	Friesland
노르트홀란트	Noord-Holland
플레볼란트	Flevoland
자위트홀란트	Zuid-Holland
위트레흐트	Utrecht
헬데를란트	Gelderland
제일란트	Zeeland
노르트브라반트	Noord-Brabant
림뷔르흐	Limburg

주요 도시: 암스테르담, 헤이그, 로테르담, 위트레흐트, 즈볼러, 에인트호벤

흐로닝언
Groningen
흐로닝언
드렌터
Drenthe
오버레이설
Overijsse

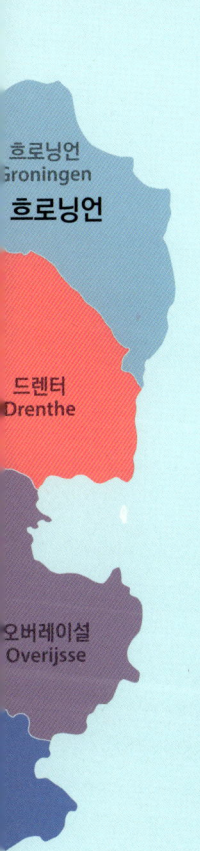

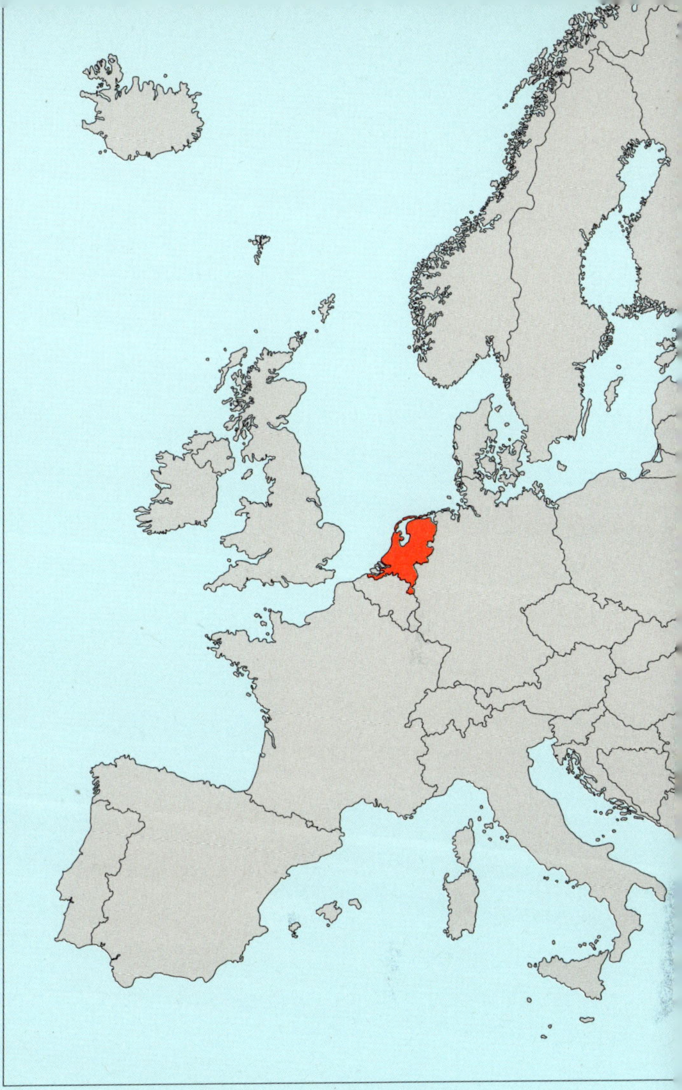

도시의 얼굴 - 암스테르담·로테르담

1
네덜란드 개황

네덜란드
(The Kingdom of the Netherlands)

1. 네덜란드 개요

- 면적 - 4만 1,850km² (한반도의 5분의 1)
- 수도 - 암스테르담(Amsterdam), 91만 8,117명(2023년) ※헤이그는 정부 소재지
- 인구 - 1,788만 명(2023년)
- 민족 - 네덜란드인(74.77%), 터키인(2.44%), 모로코인(2.38%), 수리남인(2.05%), 인도인(1.99%), 독일인(1.95%), 폴란드인(1.26%), 퀴라소인(0.77%), 벨기에인(0.7%), 기타(11.69%)(2022년 기준)
- 기후 - 온대 해양성
- 공용어 - 네덜란드어, 프리지아어
- 종교 - 천주교(7%), 개신교(13%), 이슬람교(6%), 기타(6%), 무종교(58%)(2023년 기준)
- GDP - 1조 1,171억 달러(2023년)
- (1인당 GDP) 6만 2,718달러(2023년)

 4만 1,850km²

 1,788만 명

$ 1조 1,171억 달러

2. 정치적 특징

정부 형태 - 입헌군주제하 내각책임제
국가 원수 - 국왕: 빌렘 알렉산더르(Willem-Alexander) ※ 2013.04 즉위
          수상: 딕 스호프(Dick Schoof, 무소속) ※ 2024.07 취임
선거 형태 - 총리: 집권당 당수, 상원: 간접선거(지방의회), 하원: 비례대표제(직접선거)
정당 구분 - 자유민주국민당, 노동당, 기독교당, 민주녹색좌파당, 민주66당, 자유당,
          기독교연합당, 사회당, 농민시민운동 등 다당제를 중심으로 한 정치 체계
기타   - 임기 4년

빌럼 알렉산더르
국왕*

딕 스호프
수상*

- 2013년, 빌럼 3세 이후 123년 만의 남자 군주 즉위
- 2010년부터 4차례 연임한 마르크 뤼터 총리 퇴임 후 새로 부임한 딕 스호프 총리는 새로운 연립정부를 구축하여 정치적 안정을 도모하고 있음
- 기후 변화 대응, 주택 부족 문제 해결, 디지털 경제 강화, 사회적 불평등 해소 등을 주요 정책 우선순위로 선정하고 있음
- 네덜란드는 정치적 안정성과 사회적 포용성을 중시하는 나라로 국제 무대에서도 활발한 활동을 이어가고 있으며 이와 같은 정치적 형태는 다양한 이해관계자와의 협력 및 합의를 통해 지속가능한 발전을 이루는 데 기여하고 있음

3. 네덜란드 약사(略史)

연도	역사 내용
100	프리지아인이 네덜란드 북부에 정착함
600~700	프리지아인과 프랭크족의 충돌
700~800	신성로마제국의 샤를마뉴 황제의 지배하에 있음
838	네덜란드 북서부에 홍수 발생으로 많은 지역이 물에 잠김
1170	홍수로 인해 네덜란드와 자이더르 제이(Zuider Zee) 지역이 침수됨
1299	홀란드 백작이 제일란트(Zeeland)의 통제권을 얻음
1477	네덜란드의 메리는 오스트리아의 합스부르크 가 막시밀리안 1세와 결혼
1516	스페인의 찰스 1세가 네덜란드를 통치함
1568	빌렘 1세가 스페인 정부에 대한 반란을 시작
1579	북부 7개 주에 의한 위트레흐 연합 탄생
1581	스페인으로부터 네덜란드 독립 선언
1602	인도네시아 자카르섬에 네덜란드 동인도회사 설립
1652	네덜란드 영국 전쟁 발발

출처: 위키피디아

연도	역사 내용
1661	네덜란드가 브라질을 포르투갈에 양도함
1745	영국, 오스트리아, 네덜란드 등이 러시아를 대상으로 동맹을 결성
1784	프랑스, 영국, 네덜란드 사이의 전쟁 종식
1795	나폴레옹의 통치하에 프랑스와 합병
1899	네덜란드에서 제1회 헤이그 평화회의가 개최됨

1914~18   제1차 세계대전 당시 중립을 유지하여 개입을 면함

출처: 위키피디아

1928   암스테르담 올림픽 개최
1939~45   제2차 세계대전 당시 중립을 유지했지만 독일군의 침략을 받음

출처: 위키피디아

2004   암스테르담에서 복지 개혁에 관한 시위 발발(20만 명)
2013   국왕 빌럼 알렉산더르 즉위

4. 네덜란드 행정구역

행정구역 - 12개의 주	
노르트브라반트(Noord-Brabandt)	자위트홀란트(Zuid-Holland)
노르트홀란트(Noord-Holland)	제일란트(Zeeland)
드렌터(Drenthe)	프리슬란트(Friesland)
림뷔르흐(Limburg)	플레볼란트(Flevoland)
오버레이설(Overijssel)	헬데를란트(Gelderland)
위트레흐트(Utrecht)	흐로닝언(Groningen)

5. 지리적 특성(신이 버린 땅, 인간이 빚은 나라)

▣ Nether(낮은)lands(땅)의 의미에서 보듯 전체 국토의 약 4분의 1이 해수면보다 낮은 나라에서 자연과 싸워가면서 땅을 확보하여 국토를 효율적으로 개발했다고 해서 신은 인간을 만들었고 네덜란드 사람들은 땅을 만들었다고 함

▣ 전체 국토의 5분의 4 이상이 농업, 삼림에 이용되거나 자연인 녹지국가로서 국토의 약 15% 미만이 주거 등 건축 지역으로 이용됨

출처: maps-netherlands.com

Land use in the Netherlands, 2015

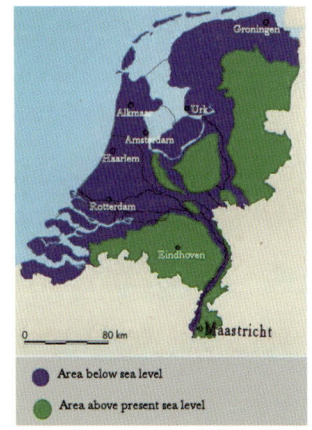

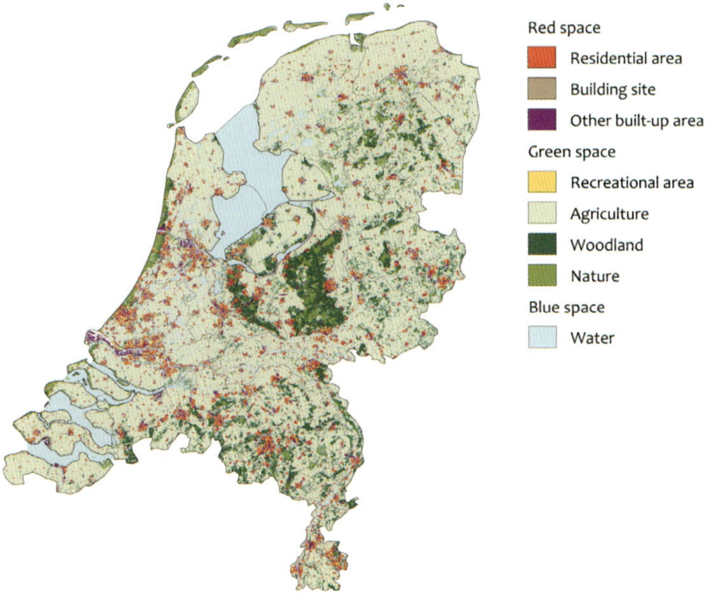

Source: Statistics Netherlands, Cadastre

CBS/jan20
www.clo.nl/en006111

- 바닷물과 강물에 대항해 제방을 쌓아 육지를 만드는 네덜란드의 간척 사업은 14세기에 도시와 항구 지역을 중심으로 작은 국토를 조금이라도 효율적으로 사용하고자 지속되었음

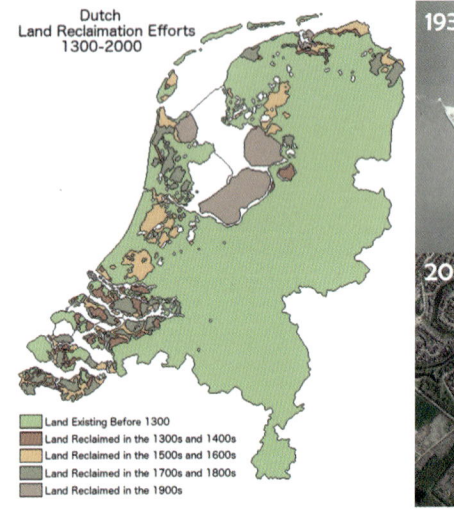

출처: buildingtheskyline.org/tag/land-reclamation/

- 국토가 대부분 해수면보다 아래에 위치함에 따라 발생할 수 있는 해수 침투와 이에 따른 물공급에 끼칠 영향 등을 고려하여 2009년부터 6년마다 국가물계획(National Water Plan)을 수립하고 있음
- 국가물계획 프로그램은 2009년 수립된 수해 대응 국책 사업인 델타 프로젝트(Delta Project)의 근간 정책을 만드는 데 기여했으며 대대적인 댐 및 제방을 건설하고 불어난 물을 내보낼 펌프 시설을 확충하는 데 주력하고 있음

6. 네덜란드 대도시권, 란트스타트(Randstad)

- 네덜란드 도시권 분석
  - 도시 개발은 대체로 서쪽 지역이 많이 발달해 있으며 중앙에는 네덜란드

에서 가장 큰 자연보호 구역인 호허 펠뤼어 국립공원(Hoge Veluwe National Park)이 있음

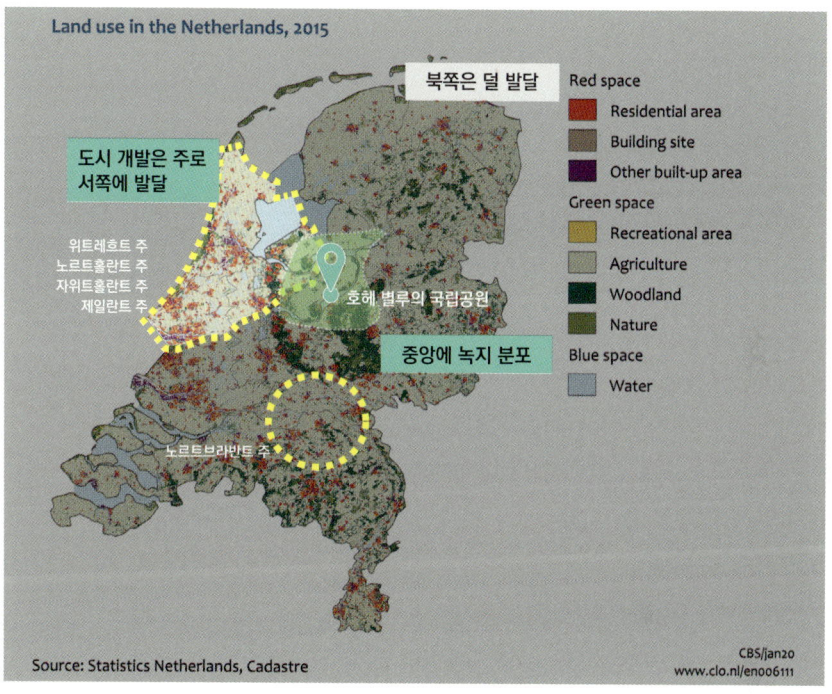

■ 란트스타트
- 네델란드의 주요 도시들로 구성된 대도시권을 란트스타트(Randstad)라고 하며 경제적, 문화적, 정치적 중심지 역할을 하고 있음. 이 지역들은 네델란드에서 가장 인구가 많고 산업화된 지역으로 주요 도시들 간의 네트워크로 형성되어 있음
- 란트스타트는 네델란드 중서부에 위치한 홀란트주와 위트레흐트주에 위치하며 넓은 의미로 네델란드에서 가장 큰 도시 4개인 암스테르담, 헤이그, 로테르담, 위트레흐트를 기준으로 도시와 그 주변 지역을 묶어 부르는 이름으로 네델란드 전체 면적의 15%를 점유하며 네델란드에서 가장 많은 인구가 살고 있고 인구의 50%가 이 지역권에 거주하고 있음

❶ 네덜란드 개황

• 란트스타트 주요 도시

■ 란스타드 주요 구성 도시

도시명	내용
암스테르담 (Amsterdam)	네덜란드의 수도이자 가장 큰 도시로, 문화와 금융의 중심지. 박물관, 운하, 역사적인 건축물들이 있으며 국제적인 관광지로도 유명
로테르담 (Rotterdam)	유럽에서 가장 큰 항구 도시이자 국제적인 무역과 물류의 허브로서 혁신적이고 현대적인 건축물이 많아 건축의 수도로 불림
헤이그(The Hague)	네덜란드의 행정 수도로 정부 기관과 외교 관련 건물 등이 있으며 국제 법원의 본부가 있는, 법률과 국제 관계의 중심지
위트레흐트 (Utrecht)	네덜란드의 중심에 위치한 도시로 역사적인 대학교와 종교적인 유산이 풍부한 도시. 교통의 중심지로 철도와 도로의 주요 교차점

7. 경제적 특징

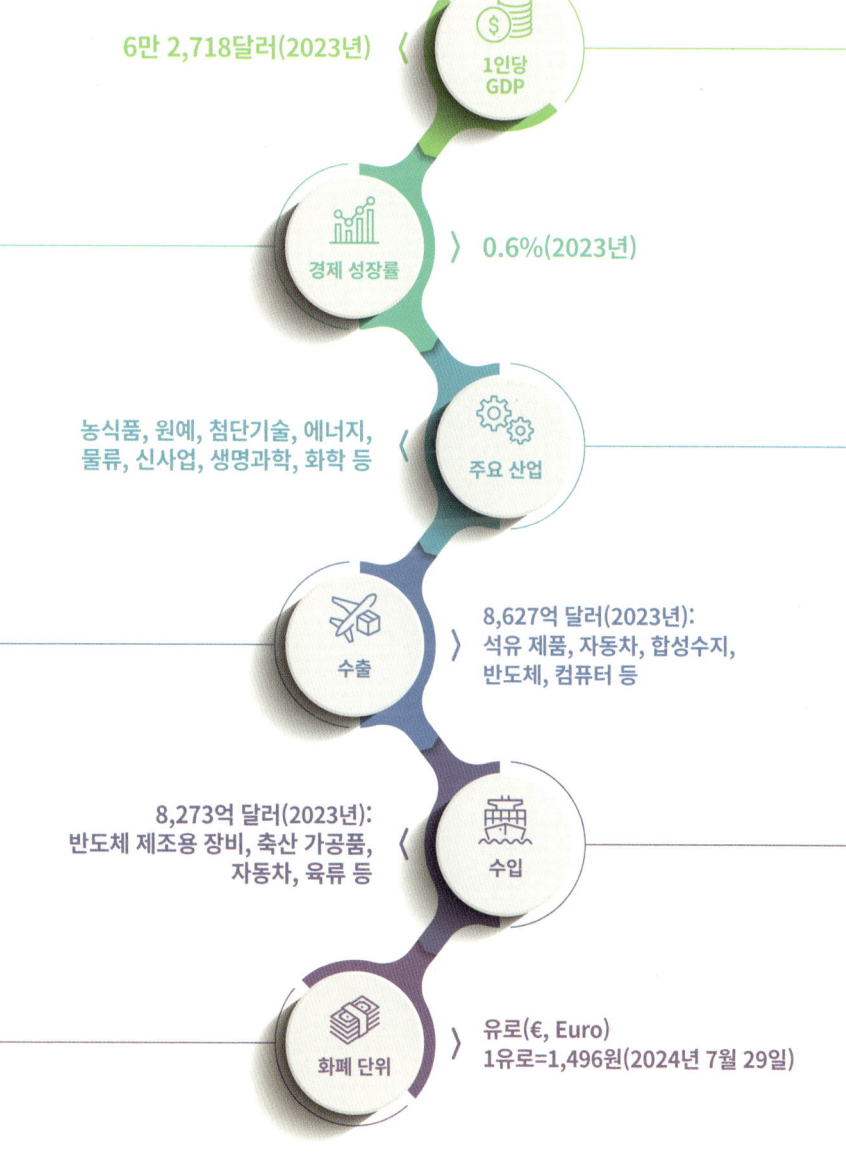

- **1인당 GDP**: 6만 2,718달러(2023년)
- **경제 성장률**: 0.6%(2023년)
- **주요 산업**: 농식품, 원예, 첨단기술, 에너지, 물류, 신사업, 생명과학, 화학 등
- **수출**: 8,627억 달러(2023년): 석유 제품, 자동차, 합성수지, 반도체, 컴퓨터 등
- **수입**: 8,273억 달러(2023년): 반도체 제조용 장비, 축산 가공품, 자동차, 육류 등
- **화폐 단위**: 유로(€, Euro) 1유로=1,496원(2024년 7월 29일)

8. 비즈니스 매너 및 에티켓

(1) 복장
- 외국인에 대해서는 복장에 따라 그 사람의 신분을 판단하는 경향이 있으므로 가급적 정장 차림이 바람직
- 공식적인 행사 등에 참여할 경우에는 반드시 넥타이를 착용해야 하고, 개별 상담 또는 비공식적인 행사의 경우는 매지 않아도 됨

(2) 네트워킹 리셉션
- 세미나 등 비즈니스 인들이 모이는 자리에서 필히 거쳐 가야 할 순서
- 네트워킹은 옷 보관 방에서부터 시작하며 기억하기 쉽게 자신을 소개하고, 상대방에 대한 칭찬을 아끼지 않는 것이 좋음
- 초면에 무리한 부탁이 아닌, '~에 대한 전문가를 아시는지?' 등 작은 부탁으로 시작하는 것이 좋음
- 자기소개 없이 무리하게 끼어들면 좋지 않은 인상을 심어 주고 대화 상대방에 대한 개인적인 질문은 삼가는 것이 좋으며 대화 상대방의 양해를 구하지 않고 전화를 받는 것 등을 주의해야 함
- 리셉션이 끝난 다음 날부터 적극적으로 연락하는 것이 네트워킹을 이어 가는 가장 좋은 방법

(3) 약속
- 여름(7, 8월)은 대부분이 휴가이기에 이 시기를 피해서 약속을 잡는 것이 좋음
- 네덜란드인들은 대부분 연간 약 25~30일 정도의 휴가를 받는데, 주로 7~8월, 크리스마스~연말, 부활절 전후에 휴가를 사용
- 바이어의 휴가 시 해당 업무를 대체할 사람을 지정해 놓지 않는 경우가 많기 때문에 업무상 공백이 빈번히 발생할 수 있음

- 네덜란드인들은 대체로 시간 관념이 철저하며 특히 형식적인 자리에 참석할 때의 시간 관념은 필수 중의 필수로 꼽히기 때문에 늦지 않는 것이 가장 좋지만 상황이 여의치 않으면 미리 상대방에게 양해를 구하는 편이 좋음
- 네덜란드인들은 시간의 흐름에 민감한 편이어서 정해진 식순대로 움직이는 것은 물론, 진행 상황에 대한 지속적인 확인을 통해 프로그램을 진행

(4) 선물·식사

- 비즈니스 시 일반적으로는 선물을 주고받지 않으며 개인적인 친분이 생겼을 경우에도 간단한 성의 표시 정도가 적당
- 선물로는 와인이나 자국을 잘 나타내는 기념품이 적합하며 집으로 초대받았을 때는 초콜릿, 화분 등을 선물함. 꽃 중에서 하얀 국화꽃은 장례식을 의미하므로 피하는 것이 좋으며 또한 칼이나 가위는 선물로서 부적절
- 비즈니스 시 일반적으로 미팅과 관련된 식사는 하지 않으나 식사를 같이 하게 되는 경우에는 오래 끌지 않는 것이 좋으며 미팅 후 예정에 없던 식사 자리나 술자리 제안은 선호하지 않음
- 집에 초대받았을 경우에는 대접받은 음식을 모두 먹는 것이 바람직한데 네덜란드인들은 음식 남기는 것을 매우 싫어하기 때문

9. 네덜란드 기타 상식

(1) 네덜란드 문화예술

① 대중가요 대표그룹: Venus(Shocking Blue) - 1969 헤이그 출신 록밴드
② 네덜란드 예술: 화가
- 렘브란트 판 레인(Rembrandt van Rijn)(1606~1669)
- 요하네스 베르메르(Johannes Vermeer)(1632~1675)
  〈진주 귀고리를 한 소녀(Girl with a Pearl Earring)〉

❶ 네덜란드 개황

- 히로니뮈스 보스(Hieronymus Bosch)(1450~1516)

• 히로니뮈스 보스, 〈쾌락의 정원(The Garden of Earthly Delights)〉*

- 얀 판 호이언(Jan van Goyen)(1596~1656)

• 얀 판 호이언의 〈초상화〉(왼쪽)와 〈강가의 풍차(Windmill by River)〉(오른쪽)*

※ 얀 판 호이언은 튤립 가격이 계속 폭등하던 10여 년 동안 튤립에 큰 관심이 없다가, 1637년 2월 2일 자신의 전 재산을 털어 튤립을 사 가지고 집으로 돌아왔다. 그러나 그 다음 날부터 튤립 값이 폭락하여 순식간에 100분의 1로 토막 나고 말았다. 결국 전 재산을 날리고 만 호이언은 19년 동안 2,000여 점의 그림을 다 팔고 물감 살 돈조차 없을 정도로 가난에 시달리다가 쓸쓸히 사망한다.(영화 〈튤립 피버〉, 2017)

※ 튤립: 17세기 귀족들의 부의 상징으로, 튤립 한 뿌리 가격이 집 한 채 가격이었음

• 홀란드의 위치

(2) 네덜란드(Netherland)? 홀란드(Holland)?

- 원래 홀란드는 네덜란드 인구의 40%를 넘는 사람들이 살았던 네덜란드의 서남부 지역, 즉 노르트 홀란트(Noord(North) Holland)와 자위트 홀란트(Zuid(South) Holland)를 말함
- 3대 도시인 암스테르담, 로테르담, 헤이그는 홀란드 소속. Netherland = Low Country, 국토의 25%가 해수면보다 낮은 지역

(3) 네덜란드와 오렌지(오렌지 군단)
- 빌렘 판 오란여(Willem van Oranje, 1533~1584) 왕의 이름에서 유래
- 16세기 네덜란드를 지배했던 에스파냐(스페인) 펠리페 2세 지배
- 종교개혁론을 추종하는 칼뱅주의자들인 신교도와 종교 탄압, 종교 재판, 세금 증세에 반대하는 반란군과 함께 네덜란드 독립운동을 주장했던 오란여공 빌렘 1세를 자유의 수호자로 여기면서 오란여 가문이 왕정을 승계받음
- '오란여(Oranje)'는 영어로 '오렌지(Orange)'

(4) 더치(Dutch) 의미
- 영국인이 네덜란드인(DUTCHMAN)에 대해 DUTCH라는 약어로 부정적으로 사용함. 더치는 서게르만 민족에 속하는 사람으로, 언어는 네덜란드어와 벨기에어를 사용함
- 17세기 후반 영국-네덜란드 전쟁을 계기로 시작된 감정
  ※ 독일을 의미했던 도이치(Deutsch) 중에서 좀 더 열등했던 저급 도이치가 오늘날 더치(Dutch)로 남게 됨
- Dutch와 결합된 영어의 부정적인 단어: Dutch auction(역경매), Dutch bargain(술자리에서 맺는 믿을 수 없는 계약), Dutch courage(술김에 부리는 만용)
- Dutch Pay는 잘못된 표현→go dutch, Dutch treat

(5) 지명과 어원
- 암스테르담, 로테르담처럼 물길이 있는 지역에는 '담(-dam)'이 붙음
- 독일어로 '베르크(-berg)'는 산이라는 뜻, 주변에 산이나 산성이 있는(있었던) 곳
- '이아(-ia), 리아(-ria), 비아(-via)'는 '땅'이라는 뜻: 오스트리아, 볼리비아, 콜롬비아
- '네시아(-nesia)'의 어원은 그리스어 nēsoi, nesos로 '섬'이라는 뜻: 인도네시아, 폴리네시아, 멜라네시아

(6) 네덜란드 공용어
- 영어와 더치어 같이 사용: 네덜란드는 영어 능력 지수 80개국 중 1위
- 유럽에서 영어권 국가를 제외하고 가장 높은 영어 구사율을 가짐
- 초등학교부터 성장기 교육 기간 동안 영어를 지속적으로 교육함

(7) 네덜란드가 스케이트 강국인 이유
- 운하가 얼어야 대회를 하는 199km 스케이트 마라톤대회에서 우승자(6시간 반)는 국민적인 영웅으로 취급되며, 1909년 이래 15번밖에 열리지 않았으며 전 국민이 스케이트를 즐김

(8) 하멜의 제주도 표류기와 일본 나가사키 하우스텐보스, 인도네시아, 맨해튼
- 네덜란드는 일본에도 진출하여 나가사키에 근거지를 마련함
- 도쿠가와 막부는 나가사키를 통해서 서양 문물을 받아들임
- 나가사키 하우스텐보스(숲속의 집)는 일본 속의 작은 네덜란드 테마파크를 조성함
- 1653년 제주도에 표착한 하멜 등 30여 명의 네덜란드 선원들은 동인도회사 소속으로 일본 나가사키로 가는 길에 표류해 제주도에 도착함. 13년간 서양식 대포 조작법을 전수해 준 후 네덜란드로 탈출하여 《하멜 표류기》를 씀
- 17세기 해외 식민지 확대: 인도네시아 점령

(9) 한국과 네덜란드의 공통점
- 강대국 주변의 지정학적 환경, 적은 부존 자원, 높은 인구밀도(한국 12위, 네덜란드 15위), 협소한 국토(한반도의 1/4)

10. 네덜란드의 도시 건축

1) 네덜란드의 도시 건축 정책(참고 자료: 아크포럼)
(1) 정부 주도의 도시 건축 정책 - 총 4단계

- 1단계(1991년): Space for Architecture - 정부 주도의 건축 정책
- 2단계(1996년): Architecture of Space - 도시 개발, 조경, 사회 기반 시설, 민간 부문 영역 확장
- 3단계(2001년): Shaping the Netherlands - 시범 프로젝트 등 구체적 실험
- 4단계(2006년): Action program on spatial planning and culture - 문화, 역사, 건축, 도시, 조경의 서로 다른 분야 간 협력을 이끌어 내고 지방 정부와 민간 부분이 통합된 계획을 수립

  ※ 네덜란드 건축 정책의 단계별 추진 전략(출처: AURI, 2008)

- 현재: 정부, 개발, 건축가의 도시 발전 핵심 가치(다양성)
① 국가 이미지 개선
② 생활 근교 지역과 쇠퇴하는 생활 여건 개선
③ 건강, 교육 및 인재 개발의 개선책 마련
④ 건물 및 지역의 자산 가치 증가
⑤ 혁신 역량 향상
- 건축 정책 결정 과정에서 국민들의 의사 반영과 참여를 중요시
- 네덜란드 정부는 '국가 건축가'의 감독하에 각 부처 간 협력단을 결성해 직접 공공 건축물의 질적인 향상을 위해 적극적으로 정책을 수립, 조율 및 지원하는 역할을 수행

(2) 양질의 공공 건축물 유도, 견제

- 건축은 모든 이들과 관련된 일(Architecture is everyone's concern), 즉 '건축은 본질적으로 공공적 작업', '모든 이들의 삶에 영향을 미치는 예술 형태'라는 입장을 강조

(3) 다양한 건축 촉진 지원 정책

- ■ 신인 건축가의 적극적 육성, 지원
  - 네덜란드에는 신진 및 기성 건축가들을 적극적으로 육성, 지원하는 다양한 지원금 제도가 마련
- ■ 다수의 건축기관과 건축 프로그램에 대한 정책적인 지원
  - HNI(Het Nieuwe Institute): 네덜란드 도시 재생 연구소
  - Stimuleringsfood voor Architecture(Architecture Promotion Fund): 문화교육과학부와 주택환경건축학부가 관례적으로 수행해 왔던 비체계적 지원금 수여 제도를 체계적으로 조직화하기 위해 1993년에 설립
  - The Berlage Institute: 1991년에 재단이 설립된 국제건축대학원
  - Architrcture Lokaal: 네덜란드에 국제 건축 비엔날레를 지원
- ■ 공공 프로젝트의 발주, 지원
  - '국가 건축가'가 주요 국가 프로젝트의 디자인 질에 대해 자신의 관점을 적극적으로 표현하고 개입할 수 있게 함
- ■ 건축 센터
  - 건축 센터를 통해 좋은 건축과 도시 환경이 가져오는 효과에 초점을 맞추고, 공공 공간의 질을 향상시키려 함

2) 네덜란드의 주택 개발 정책

(1) 양에서 질로, 정부 개발에서 민간 개발로의 전환

- ■ VINEX(Vierde Nota Ruimtelike Ordening Extra: Fourth Extra Spatial Policy)
  - 80년대부터 늘어난 주택 수요에 대처하기 위해 대규모 집합 주택 단지를 개발하기 위한 정책 프로그램
- ■ 도시 재개발로서 공업 지대를 주거 및 업무 단지로 탈바꿈시킴
  - 사례: 콥 판 자위트(로테르담), 암스테르담 동쪽 부두 지역 개발
  - 80년대의 공급 정책 이후 주택 개발 정책은 대량 생산 vs 거주자의 요구 사이에서 딜레마로 새로운 패러다임의 전환이 필요

- 90년대 이후의 VINEX 프로그램에서는 100만 호가 넘는 새로운 주택 건설을 위해 보다 합리적인 주택 정책이 요구되었고, 건축가들에게는 새로운 주택 유형 과제 부여
- 테라스 하우스, 연립 주택, 교외 지역 개발에서는 다양한 주거 유형이 제시됨
- 주택 공급을 임대가 아닌 자가 소유 주택 위주로 정책적 패러다임 전환 전략
■ 공공에서 민간으로 주택 개발의 주체 이관
- 80년대 90%에 달했던 정부 보조 주택의 비율은 90년대 중반에는 30%로 급격하게 감소
- 2000년도부터 VINEX 지역 주택의 3분의 1은 개인 분양자가 제안하여 조건 없이 부지 사용
- 민간 건설의 비율이 증가하고 분양자의 사적 권리를 옹호하는 분위기
- 자가 소유 주택들은 새로운 시도와 혁신적 주택 설계 적용 가능
- 건축가들은 보다 자유롭게 주택 실험 수행 가능

(2) 다양한 주택 개발의 전시장
■ 네덜란드에서의 주택 디자인: 건축가들이 자신의 개인적 삶의 비전을 표현하는 중요한 수단
■ 최근 도시 재생으로 도시 맥락을 중요시하여 역사적 건축물의 유형학적 요소를 현대 주택에 재조합
■ 네덜란드 주택 개발 현장에서 제일 중요한 키워드는 '다양성'
- 건물의 형태, 평면, 접근 방식, 사용 재료와 같은 건축적 측면과 분양 방식, 거주자 유형과 같은 도시 사회학적 측면까지 다각도로 모색되고 실현 중
- 계획 단계에 다수의 지역 건축가와 외국 건축가가 참여하는 공동 작업 유도
- 이것은 협동 작업과 동시에 개인의 독창성에 대한 여지를 남겨 놓고 서로 조율하면서 설득력 있는 해결책을 찾는 방법

도시의 얼굴 - 암스테르담·로테르담

2

암스테르담의
도시 재생 및 개발 정책과 현황

❷ 암스테르담의 도시 재생 및 개발 정책과 현황

1. 암스테르담 개황

1) 개요

면적	219.32km² (네덜란드 전체 면적의 0.5%)
인구	82만 1,752명 - 170개가 넘는 국적의 인구로 구성되어, 유럽의 '멜팅 팟(melting pot)'
위치 (네덜란드의 북서쪽 노르트홀란트 주에 위치)	
기후	북해 서풍의 영향을 받아 해양성 기후
살기 좋은 도시	2018년 밀레니얼 도시 랭킹 4위를 기록했으며 2016년에는 1위를 기록하여 전 세계에서 가장 살기 좋은 도시 중 하나로 손꼽힘

- 암스테르담의 행정구역(8개 자치구)

행정구역
센트럼(Centrum)
베스트(West)
니우 베스트(Nieuw-West)
베스트포르트(Westpoort)
노르트(Noord)
오스트(Oost)
자위트(Zuid)
자위도스트(Zuidoost)

■ 행정구역 설명
 - 센트럼: 최중심부로 암스테르담 중앙역이 위치하고 있음
 - 베스트: 8개의 행정 구역 중 인구 밀도가 가장 높음
 - 니우 베스트: 시 서부에 위치하고 있으며 주거 및 상업 지구
 - 베스트포르트: 북서부에 위치하고 상업 및 공업 지구

- 노르트: 아이 만의 터널과 페리로 시의 다른 곳과 연결되어 있음
- 오스트: 시 동부에 위치하며 아이뷔르호 신도시가 위치함
- 자위트: 박물관 지구 위치 및 공원이 많음
- 자위도스트: 시 경계 밖에 위치하며 아프리카계 이민자가 다수 생활함

■ 경제 개황
- 대도시권이 형성되어 있어 서비스 산업 중심지로, 특히 컨설팅, 정보기술 등의 비즈니스 서비스가 굉장히 높은 비중을 차지하고 있음
- 금융업과 관광업 역시 경제 발전의 중심 산업이 되고 있으며 글로벌 500대 기업의 ING, 필립스, 하이네켄 등이 본사를 두고 있음
- 암스테르담 항구는 유럽에서 4번째로 큰 항구로서, 유럽의 물류 허브 역할을 수행하고 있으며 2023년 약 1억 톤의 물류 처리를 수행함
- 암스테르담은 지난 10년간 방문객 수가 꾸준히 증가했으며, 암스테르담 호텔의 약 3분의 2가 도심에 위치함
- 암스테르담은 전 세계에서 숙련 인재가 많이 모이는 도시 중 하나로 다양한 산업에서의 강력한 경쟁력과 우수한 인재 풀은 암스테르담이 국제적인 비즈니스와 기술 중심지로서의 위치를 강화하는 데 기여하고 있음
- 유럽 내 창업(Start-up) 환경 및 시스템 3위를 차지했으며 인큐베이터, 투자자, 대학, 기획, 인프라 등 창업을 위한 환경이 유럽 내 런던, 스톡홀름에 이어 3위 달성
- 총생산의 경우 네덜란드 전체 생산액의 약 23.9%가량을 차지하며 GDP는 2,959억 달러(2023년 기준)

■ 암스테르담 주요 산업

(1) 금융업
- 금융업은 암스테르담 지역 경제(지역 GDP)의 약 25%를 차지하고 있으며 25만 명 이상의 종사자들이 있음
- 암스테르담 고용 시장의 약 19%에 해당하고 있으며, 특히 암스테르담 주민

들은 다국어 능력자 및 고인력자가 많아 고평가받음
- 유럽 내의 핀테크 허브로 불림

(2) 물류 산업
- 유럽의 관문 및 유럽의 중심 항구가 위치해 있으며 유럽 시장 내 잠재 고객을 연결하는 매우 중요한 위치를 선점함
- 스키폴 공항, 암스테르담 항구, 그린포트, 데이터 포트 등 다양한 인프라가 잘 정비되고 구축되어 있음

(3) 관광업
- 유네스코 문화유산 도시로 꼽히며 다양한 문화유산을 구경할 수 있어 2018년 암스테르담 관광객은 1,900만 명을 넘어섬
- 2025년까지 관광객 2,900만 명을 예상하고 있으며 비즈니스 방문객 또한 매년 70만 명 이상으로 평균 650회 이상의 국제 회의가 개최됨

(4) 헬스케어 산업
- 다양한 병원 및 연구소들이 암스테르담에 있으며 특히 네덜란드 암연구소, ACTA 등이 모여 있음
- 임상실험, 바이오뱅크 등 다양한 지식 데이터베이스의 접근이 좋음

(5) 스마트 산업
- 세계에서 가장 큰 데이터 전송 허브인 암스테르담 인터넷 교환소가 있으며 유럽에서 가장 높은 디지털 인프라 수준을 구축함

(6) 항공우주 산업
- 10년 이상의 제조 전통을 가지고 있으며 대표적인 기업으로 붐바르디에, GE 항공, 미쓰비시 항공기 등이 스키폴 공항에 위치해 있음

- 예비 부품 및 훈련 시설, 마케팅 시설 등을 통하여 제조뿐 아니라 산업 전반을 아우르고 있음
■ 주요 공항
- 스키폴 국제공항
  · 2016년 여객 수 기준 유럽 3위 공항, 유럽을 대표하는 허브 공항
  · 1916년 9월 16일 군용 비행장으로 개장
  · 공항 계류장 면적은 약 119만 4,900m^2, 항공기 144대가 동시에 머무를 수 있으며 주차장은 17개로 2만 7,063대 동시 주차가 가능함
■ 주요 역사

연도	역사 내용
1170	1173년에 일어난 홍수 직후, 다리와 댐을 건설하면서 마을을 형성함
1275	홀란드의 백작이 통행료를 받지 않는 지역으로 선정되며 발전
1380	암스테르담 중앙 운하 건설
14C	도시로 승격되었으며 한자동맹으로 인한 무역업의 성행으로 황금시대 맞이
1515	카를 5세의 즉위 및 스페인의 지배
1535	아나벳파('진실은 나체다')들이 시청 점령 및 전투 후 사살
1543	찰스 5세가 네덜란드, 벨기에, 룩셈부르크를 점령한 뒤 브뤼셀을 수도로 삼음
1572	네덜란드 독립전쟁(~1602년)
1578	암스테르담 무혈 쿠데타로 인해 윌리엄 왕자가 이끄는 공화국으로 선포
1602	야바섬 동인도회사 설립
1650년대	영국에 현재 뉴욕의 위치를 빼앗김
1795	프랑스군이 바타비아 공화국을 설치한 후 암스테르담을 수도로 삼음
1810	프랑스 영토로 편입
1815	네덜란드 왕국 성립
1889	암스테르담 중앙역이 건설되었으며 유럽의 다른 지역과 연결됨
1901	주택법 제정으로 빈민촌 개선 권한을 부여받음
1940	5월 10일 독일 공군의 대규모 폭격 이후 대대적인 전후 복구 과정을 통해 경쟁력을 갖춘 현대적 국제 도시로 변모
1977	교외 지역과 암스테르담 간 지하철 첫 시험 운행
1978	콤팩트 시티(Compact City) 정책을 펼쳐 인구밀도가 높은 도시로 형성
1990	도시 재개발 사업 및 경제 개발 실시
2001	전 세계에서 처음으로 동성 결혼의 합법화 시행

2) 유럽의 스마트시티

■ 인구
- 2023년 기준 91만 명의 인구를 보유한 암스테르담은 싱가포르, 바르셀로나 등 성공적인 글로벌 스마트 도시 사례로 꼽힘

■ 계획
- '암스테르담 2040 도시 마스터 플랜'을 통한 혁신적인 도시 디자인, 스마트 기술 도입을 목표로 함
- 암스테르담 시에서는 2012년부터 누구나 인터넷을 사용할 수 있는 오픈소스 데이터 보유, 데이터 활용 예정

■ 사례
- City-Zen 프로젝트: 무탄소 도시를 의미하며, 청정 에너지 도시 건설을 위한 EU 기금 프로젝트, 암스테르담 뉴 웨스트 지역 내 형성된 1만 가구 규모의 스마트 그리드(Smart Grid)는 태양열 에너지를 비축하여 사용
- 지하 열에너지 저장 기술: 계절 간 온도 차에 따라 생성되는 냉, 온수를 지하에 저장하고 적시에 활용하는 방법, 프로젝트 준비 단계이나, 미래에는 연간 4만 기가 줄(GJ) 에너지 생산 예정
- 비콘 마일(Beacon Mile) 프로젝트: 암스테르담에 위치한 비콘 마일은 중앙역에서 시작하여 2km가량 떨어져 있는 마린터레인(Marineterrein)까지 설치되어 있어 스마트시티 어플리케이션을 통하여 경로를 체험할 수 있으며 특정 위치와 관련된 정보를 사물 인터넷 통신을 통하여 쉽게 알 수 있음
- 스마트홈 구축 프로젝트: 소프트웨어 회사 올리스토(Olisto)와 암스테르담시의 민관 협력 프로젝트로서 사무실 내 장치, 어플, 서비스를 자동화하는 것이 목적

2. 암스테르담 도시 재생

1) 암스테르담 도시 개발 역사
- 1901년 주택법 제정으로 빈민촌 개선 권한을 부여받음
  - 새로운 건축물 기준과 협동주택을 지을 수 있는 보조금 지급이 현재의 질서 정연하고 낮은 임대료를 지불하는 암스테르담의 공공 주택단지에 중요한 역할을 하게 됨
  - 제2차 세계대전 이후 중요한 시설인 항구와 공항의 재생을 시행함. 스키폴 공항은 규모나 서비스에서 유럽의 어떤 도시보다 우위
- 1970년 2개의 도시 재생 프로그램이 진행되었지만 비난으로 인해 중도에 도시 재생 사업을 포기함
  - 분산형 도시 전략: 암스테르담을 비즈니스와 생산의 중심지로 육성하기 위해 암스테르담 시민의 50% 정도를 주변 도로로 재배치함
- 1978년 시의회는 '삶의 장소로서의 도시'라는 모델을 선택하고, 콤팩트 시티 정책을 펼쳐 인구밀도가 매우 높은 도시가 됨
- 1990년부터 도시 재개발 사업이 경제 개발과 맞물려 시작됨
  - 사업의 결과 구시가지는 거주 기능을 상실하고, 사업과 생산성이라는 측면에서 새로운 발전의 기회를 맞게 됨. 현재까지도 이 지역은 심각한 주택 문제에 직면함
- 급속도로 증가한 인구와 양질의 주택 수요를 충족하기 위해 제이뷔르흐(Zeeburg) 지역의 주거 지역을 재개발함

2) 암스테르담의 도시 경쟁력을 위한 인재 양성
- 다양한 창업자 및 인재 유입을 위하여 비자 발급 절차의 간소화와 유학생들에 대한 졸업 후 인턴십 및 취업 기회를 보장함
- IN Amsterdam(International Nwecomers Amsterdam) 조직은 기업과 외국인들 사이에서 이주시 필요한 비자 및 노동 허가 등의 준비를 도와주며 네덜란드

에서 해외 인재를 영입하는 경우 비행기를 타기 전 입국 수속을 가능하게 도와줌
- 외국인 유학생의 경우 1년간의 고정 체류 허가 보증이 가능하기 때문에 단기간 취업에 대한 압박감이 덜함
- 창업 비자를 통하여 스타트업들이 암스테르담시의 지원을 통하여 네덜란드 비즈니스 플랫폼의 자영업자로 장기 체류 허가를 받을 수 있음
- 암스테르담 메트로폴리탄 솔루션 연구소(AMS)는 복잡한 도시 문제에 대한 실용적인 해결책을 모색하고 지속가능성, 식량 등에 대한 다양한 분야 간의 협력을 앞세움
- 다문화주의가 발전해 있어 비영어권 국가 중 가장 영어에 능통하여 다양한 이주자 및 인재들이 거주하기 좋은 환경으로 발전함
- 금융첨단산업의 허브로 발전하는 암스테르담에는 다양한 핀테크 회사들이 몰려들고 있으며 다양한 대기업들이 있고 그로 인한 다양한 인재 풀이 형성되어 있음
- 많은 기업들이 고학력 혹은 숙련 기술자들을 쉽게 구할 수 있으며 현지인들의 영어 사용률이 높은 만큼 업무 이해도 및 정확도가 높음

3) Structural Vision 2040 정책 - 지속가능 도시 재생 창조
- Structural Vision: 경제적 부흥과 지속가능한 도시 개발
- 6가지 우선순위 정책

(1) 순환 도로 내 밀도 증가
- 2040년까지 7만 여 개의 주거지를 추가 건설
- 학교, 스포츠 시설 등의 편의시설 확충 및 유지 보수
- 링 로드에 대중교통 및 교통 편의성 증대를 위한 허브 설치

(2) 단순 기능의 비즈니스 지구를 복합 기능 지역으로 전환
- 에이(IJ) 운하 옆의 항구 복합 단지 구간에 2030년 이후 사업체 및 편의시설 확충
- 1만 3,000~1만 9,000개의 주거지 신설

(3) 단일 지역 생활권에서 대중교통 확장 및 통합
- 스키폴 공항, 지역철, 지하철 등 대중 교통 시스템 허브 신설
- 메트로선의 연장 및 전용 버스 차선 연결
- 대중교통의 연결성을 확장할 예정

(4) 공공 공간의 효율적 접근성 개선
- 거리, 수변 지역에 보행자 및 자전거를 위한 공간 제공
- 거리 및 사회 분위기 재정비 및 식당 서비스 품질 다양성 증대

(5) 녹지 및 수자원을 지역 주민을 위한 레크리에이션 활용에 투자
- 녹지 및 수변 공원의 확대 및 '슬루프(Sloop)' 확대

(6) 지속가능한 에너지 사용 비율 증가
- 태양에너지 설치, 잔열 보존을 위한 폐쇄 열 전송 시스템 및 풍력 터빈 개발

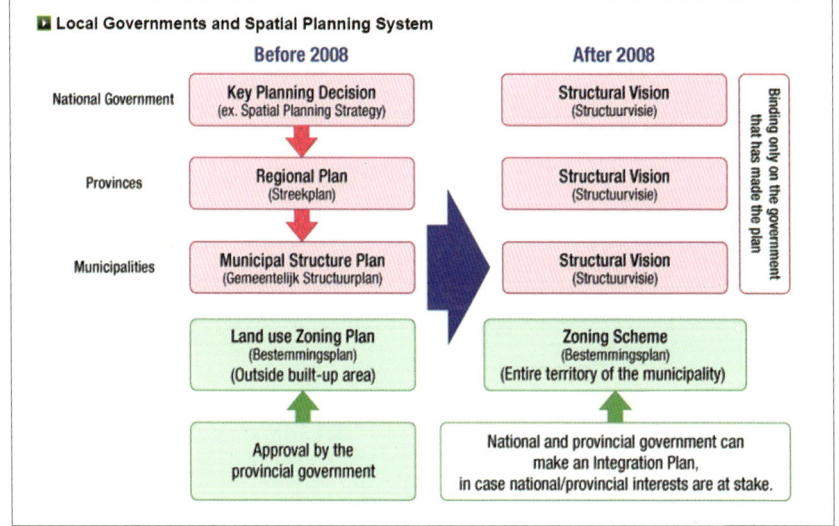

4) 경쟁력 있는 미래 도시계획
(1) 성장을 수용하며 무분별 확산 방지(Embracing growth and avoiding sprawl)
- ■ 도시계획가들은 사업하기 쉽고 살기 좋은 곳이라는 암스테르담의 매력을 유지하기 위해 다양한 연구를 함
  - ULI(Urban Land Institute)의 유럽 CEO인 리세터 판 도른(Lisette Van Doorn)에 따르면 도심을 넘어 암스테르담 대도시를 형성하는 33개 지방 자치단체와 심지어 네덜란드 대도시 지역을 넘어서는 사람들을 내다보고 계획함
  - 암스테르담은 자동차나 대중교통을 이용하여 도시에서 가까운 거리에서 흥미로운 환경을 조성하여 필요한 공간을 열어 놓을 수 있도록 계획한다고 함
- ■ 좋은 밀도(Good density)
  - 가까운 거리에서 일과 삶과 놀이를 결합하기 위해 흥미로운 이웃을 만들고 시설, 대중교통, 학교, 병원 및 사회 센터와 같은 필요한 인프라를 제공
- ■ 황금의 기회(Golden opportunity)
  - 암스테르담의 인구는 매년 1만 5,000명으로 늘어나므로 주거에 대한 즉각적인 대응 결정이 필요함에 따라 암스테르담 수도권 지역국을 설립하여 최근

지자체 간의 개발을 조정하고 주택 생산을 증가하는 정책을 실시함
- ■ 작은 진주(Little pearls)
  - 암스테르담의 직접적인 영향권 외 지역에서 저렴한 임대료, 더 많은 공간과 저렴한 가격(비즈니스 또는 거주 여부)의 공간을 찾는 사람들에게는 의미가 있다고 말함
- ■ 지속가능성 및 연결성(Sustainability and connectivity)
  - 매력적인 공공장소로 지속가능한 지역 경제를 건설하는 것이 암스테르담의 도시화 계획의 핵심
  - 암스테르담, 암스텔벤, 스키폴 공항 및 알메르를 연결하는 A9고속도로를 넓히고 강 밑으로 연결시킨 1억 6,000만 유로짜리 계획은 '지속가능성'이라는 단어에 새로운 의미를 부여하고 있음
  - 자전거와 보행자 친화적인 열린 녹지로 덮여 있으며 이 공간은 이웃 축제의 장소이기도 하며 일방적으로 절삭식 프로젝트는 자동차의 소음과 오염 수준을 줄이고 보다 쾌적한 생활과 일자리를 창출할 것이라 함

(2) 정체성 유지(Retaining identity)

- ■ 지방 단체는 암스테르담 중앙역에서 기차로 불과 15분 거리인 스키폴 공항의 본거지로서 많은 선도적인 국제 기업들이 하를레메르메이르(Haarlemmermeer)에 유럽 본사를 설립했으며 택지비가 싼 부동산 및 저렴한 임대 가격, 좋은 학교, 문화 및 레저 시설 등으로 인해 싱글과 가족 모두에게 인기가 높음

(3) 암스테르담 대도시 지역에서는 삶의 질이 고밀도화의 핵심(Everybody wins)

- ■ 2019년부터 이 지역의 모든 새로운 건물과 주택은 탄소와 에너지 중립이 요구되며 지역 사회와 소속감을 만드는 데 중점을 두며 인근 지역에서도 활력을 불어넣을 수 있다고 봄
- ■ 마을과 마을은 다른 곳과 빠르고 안정적으로 연결되지만 정체성은 유지됨

(4) 순환적 핵심 지역(Amsterdam: a circular hotspot)

- 스키폴 공항이 대표적인 순환적 핵심 지역으로, 터미널 빌딩의 대부분을 LED 조명을 이용하여 에너지 효율을 높임
- 플라스틱 웨일(Plastic Whale)은 바다에 떠 있는 플라스틱을 수거하여 폐기물을 통해 가치를 창출하는 사회적 기업으로서 은행 기관인 ASN을 통하여 지원을 받음
- 베스터하스파브릭의 재생 사례를 통하여 암스테르담의 순환적 가치를 보여 줌

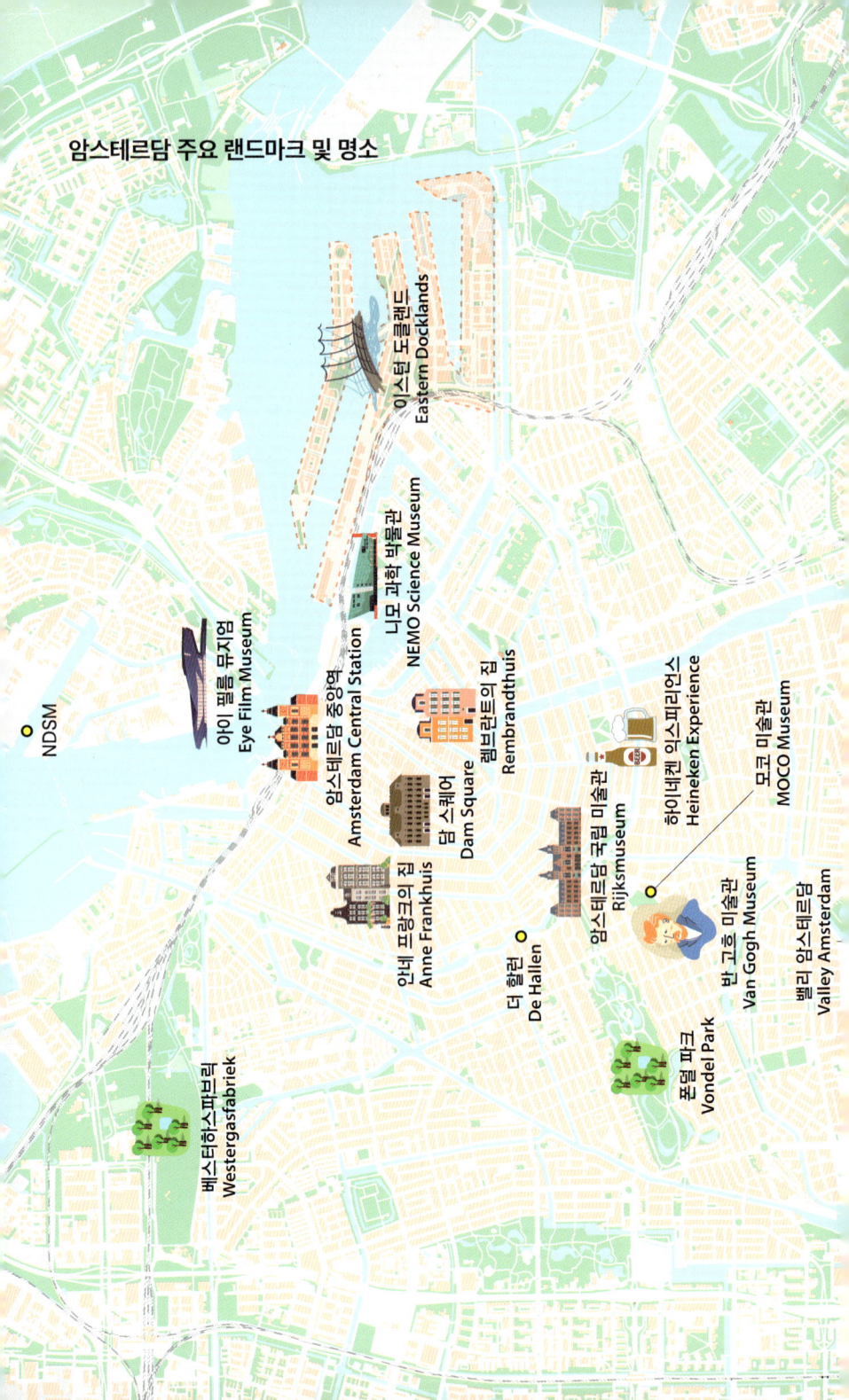

도시의 얼굴 - 암스테르담·로테르담

3
암스테르담의 주요 랜드마크

암스테르담의 주요 랜드마크

1. 밸리 암스테르담
자연과 도시 개발을 통합한 신개념의 친환경 주상복합

1. 프로젝트 개요

- Valley Amsterdam. 인상적인 계단식 경관의 건축 구조를 갖춘 '밸리(Valley)'는 MVDRV가 설계한 주거, 업무, 문화, 상업의 혼합 용도를 갖춘 복합 공간
- 다양한 높이의 세 개의 '봉우리'를 갖춰 암스테르담의 파노라마적 전망을 제공하며 열린 공간인 '스카이바'가 위치한 건물은 높이가 최대 100m에 이름 (67m, 81m 및 100m)
- 아파트 200채, 사무실 7개 층, 지하 3층의 375대 주차 공간과 다양한 소매 및 문화 시설로 구성됨

구분	내용
위치	Beethovenstraat 503, 1082 LC Amsterdam, 네덜란드
시행 면적	바닥 면적 75,000m^2, 최대 높이 100m
건축가	MVDRV, Winny Maas(Greenery designed by Piet Oudolf)
시행사	EDGE Technologies
추진 일정	2015~2022년
용도	복합 용도(주거, 업무, 상업)
특징	- 독특한 평면을 갖추고 계단을 연상시키는 건물 구조 - 높고 큰 창문을 통해 개방적인 공간 조성 - 자연 환기와 일광, 녹지 공간을 통한 친환경적 설계

• 밸리 암스테르담 전경

2. 개발 경과

- 20년 동안 암스테르담의 자위다스(Zuidas) 지구는 주요 국제 비즈니스 중심지로 발전했고 이는 인근의 주택 부족 문제를 야기함
- 밸리 개발을 통해 부족한 주거 시설과 공공시설을 확충하여 살기 좋은 도시를 만들고자 함
- 2015년 암스테르담시에서 세계적 건축사무소 MVRDV를 설계사로 선정했고 2022년 완공됨

• 밸리 암스테르담 외관

3. 개발 특징

- 밸리 암스테르담의 외관
  - 건물에서 거대한 덩어리가 떨어져 나간 것처럼 보이도록 의도적으로 설계되었음
  - 세 개의 '꼭대기'를 갖추고 있으며, 그중 가장 높은 오른쪽 건물은 100m(328ft) 높이
  - 건물의 한쪽 면이 완전히 반사되도록 지어졌는데, 건축가에 따르면 '반사적인 외부 외관'은 암스테르담의 자위다스 비즈니스 지구에 있는 건물의 환경을 반사하는 것이라고 함
  - 가장 두드러진 특징 중 하나는 광범위한 녹지 사용으로, 계단식 디자인을 통해 1만 3,000그루 이상의 식물, 관목 및 나무를 수용하여 수직 정원을 조성함으로써 생물 다양성을 증진하고 공기 질을 개선함

• 한쪽 면이 완전히 반사되도록 설계된 밸리 암스테르담

출처: mvrdv

❸ 암스테르담의 주요 랜드마크

▣ 밸리 암스테르담의 구조
- 아파트 196채($55m^2$~$700m^2$), 사무실 7층, 지하 3층의 375대의 주차 공간과 다양한 소매 및 문화 시설로 구성
- 파라메트릭 디자인(Parametric design, 수학 공식을 적용해 곡선을 설계하는 디자인 방식)을 통해 건축 비용 및 시간을 절감
- 세계적으로 유명한 조경가 피트 오우돌프(Piet Oudolf)는 외관에 초점을 맞춰 바람, 햇빛, 온도, 유지 관리와 같은 요소를 고려하여 건물의 각 위치에 적합한 식물을 선택하는 매트릭스를 개발

■ 밸리 암스테르담의 내부
- 1층에서 2개의 큰 계단을 통해 대중이 접근할 수 있는 그로토(Grotto)는 자연석으로 완전히 덮여 있고 위의 계곡에 물이 가득 찬 연못을 겸하는 두 개의 큰 채광창으로 밝혀진 넓은 실내 공간이자 밸리 주민들의 건물 내의 다른 모든 활동을 위한 로비 역할과 3개의 건물을 연결하는 허브 역할을 함
- 일반인들도 함께 식사하고 파노라마를 전망할 수 있는 스카이 레스토랑과 바(bar)가 건물의 최상층(26층과 27층)에 위치하는데 그린 밸리 타워 1층에 있는 이탈리아의 유명 가구 브랜드 몰테니 앤드 시(Molteni & C) 매장을 통하여 입장 가능함. 최상층에서는 몰테니 앤드 시가 제공하는 가구들을 체험하면서 파노라마 전망을 관람할 수 있음

• 몰테니앤시 가구 체험관

❸ 암스테르담의 주요 랜드마크

• 루프탑 스카이 레스토랑 및 바

암스테르담의 주요 랜드마크

2. 베스터하스파브릭
식당 극장 등의 복합 문화 공간

1. 프로젝트 개요

- Westergasfabriek(West Gas Factory Culture Park). 1885년 설립된 네덜란드에서 가장 큰 가스 추출 공장이었던 베스터하스파브릭은 총 13개 건물로 1870년과 1915년 유행했던 네덜란드 네오 르네상스 스타일로 지어져 보존되어 옴
- 석탄 사용량 감소로 석탄과 가스 생산의 위치가 바뀌면서 1967년 폐쇄되었으며 당시 오랜 시간 동안 가스 저장소로 이용되어 주변의 토지와 환경 오염이 심각한 상태로 사람들이 기피함
- 1997년 시의회가 대대적인 재개편을 위하여 디자인 공모전을 진행했으며 1997년 카트린 휘스타프손(Kathryn Gustafson)과 프란시너 하우번(Francine Houben)이 우승하여 디자인을 맡게 됨
- 공사를 진행할 때 아럽 엔지니어(Arup Engineers)가 새로운 토양 복원 방식을 이용하여 오염된 지역과 토지를 안전하게 복원함
- 2003년 각종 이벤트와 식당, 상가, 콘서트 및 오피스 공간, 텔레비전 스튜디오 등 복합 문화 공간으로 재생함

❸ 암스테르담의 주요 랜드마크

• 베스터하스파브릭 전경*

- 북서쪽에는 자연을 느낄 수 있는 생태공원이 조성되어 있으며 다양한 식물들은 그 식물의 원산지에서 가져옴
- 2018년 오너가 바뀌었으며 밀턴(Millten), 뒹칸(Duncan), 리스카 스튀테르헤임(Lisca Stutterheim)이 이 지역을 구매함

2. 주요 건물

■ 하스하우데르(Gashouder)
- 면적 2,500m², 높이 14.5m의 건축물로 박람회·발표회·파티 및 라이브쇼에 적합한 건물로 재생되었으며 네덜란드 팝 어워드인 '에디슨(Edisons)', 댄스 이벤트 '어웨이크닝(Awakenings)' 등이 개최되었음

• 하스하우데르 외관

■ 베스터하스 극장(Westergas Theater)
- 연극, 파티 및 케이터링 서비스를 주로 하는 공간으로 전통적인 양식의 외관과는 다르게 내부는 현대적으로 꾸며 놓았음

❸ 암스테르담의 주요 랜드마크

• 베스터하스 극장 외관　　　　　　　　　　　　　　　　　　출처: westergas.nl

■ 트란스포르마토르하위스(Transformatorhuis; Transformer House)
- 좁고 긴 창문과 나무 지붕이 특징적이며 약 800명의 인원을 수용할 수 있음. 다양한 이벤트 및 공연 장소로 사용되고 또한 케이터링 및 저녁 파티 장소로 사용 가능함

• 트란스포르마토르하위스 이벤트홀 외관　　　　　　　　　　출처: westergas.nl

■ 자위베링스할 베스트(Zuiveringshal West)
- 하스하우데르 다음으로 큰 건물로 약 1,500여 명의 인원을 수용할 수 있으며 세미나, 패션쇼, 기업 소개 등 다양한 용도로 활용되며, 크게 두 부분으로 나뉘어 있어 동시에 프로그램을 진행할 수 있음

• 자위베링스할 베스트 외관

암스테르담의 주요 랜드마크

3. NDSM
조선소를 복합 문화 공간으로

1. 프로젝트 개요

- NDSM은 조선소 산업이 내리막길에 들어서자 버려진 공간을 활용한 도시 재생 사례로, 폐쇄된 조선소를 지역 주민들과 예술가들이 복합적인 문화 공간으로 바꿈
- 예술 복합 및 창의 공간 장소이자 스튜디오, 호텔, 거주지(2,100명). 도시의 팽창과 함께 암스테르담 센트럴 역에서 무료 페리로 15분이면 도달할 수 있는 새로운 명소가 됨
- 암스테르담 에이(IJ) 호수의 아름다운 전망을 감상할 수 있는 레스토랑, 바, 카페 및 클럽이 있으며 오래된 건물 중 상당수는 아직 창조적인 기업을 소유

• NDSM 외관

2. NDSM 암스테르담 조선소 역사

- 1937년에 NDSM 조선소는 세계 최대의 조선소로 대형 선박, 대형 여객선 및 네덜란드 해군의 화물선, 벌크선 및 전쟁선을 건조했음
- 1978년에 조선 산업의 쇠락으로 선박 건조를 중단하며 1984년까지 선박 수리를 함
- '도시 유목민', 공예가, 예술가가 합의하여 키네티스 노르트(Kinetisch Noord) 재단 설립

• NDSM 내부

3. 주요 시설

- ■ 쿤스탄트 아티스트 스튜디오 - '에이 할런(IJ-Hallen)' 프리마켓
  - NDSM 중심에 위치한 가장 큰 선박 정비소 건물은 '쿤스탄트 아티스트 스튜디오.' 250여 명의 예술가들이 협업하는 공간으로 한 달에 한 번 유럽 최대의 빈티지 프리마켓인 '에이 할런'이 개최됨
  - 스튜디오에는 80여 명의 야심 찬 예술가와 공예가 및 여성의 작업 공간을 수용
  - 그 밖에 많은 댄스 파티, 박람회 및 미술 전시회가 개최됨

• 에이 할런 프리마켓   출처: ndsm.nl

■ 에이 칸티너(IJ-kantine)
- NDSM의 전직 직원들이 모임을 갖고 모여 음료를 즐긴 에이 칸틴은 이제 NDSM 페리의 부두 옆에 위치한 바와 레스토랑으로 변신함

• 에이 칸티너 내부   출처: ijkantine.nl

❸ 암스테르담의 주요 랜드마크

◼ 플렉(Pllek, The place)
- 워터 프론트 위치. 훌륭한 야외 테라스가 있는 카페와 레스토랑

• NDSM 플렉   출처: 플리커 - David Evers

◼ 목조 클럽 하우스인 섹실란트(Sexyland)는 자신의 행동이나 파티를 조직할 수 있는 장소, 시스카 용크(Cisca Jonk)의 생선 트럭, 노르데를리흐트(Noorderlicht) 카페, 바 및 레스토랑 등이 있음

• NDSM 섹실란트   출처: ndsm.nl

■ 보텔(Botel)
- 3성급 호텔로 1993년 오픈했다가 2011년 보수 후 운영 중에 있으며 버려진 배 위에 있는 글자인 'botel' 하나하나가 방으로 만들어져 있다는 것이 특징임

• NDSM 보텔   출처: ndsm.nl

■ 암스테르담 NDSM 크레인 호텔(Amsterdam NDSM Crane Hotel)
- 크레인을 개조해 2014년 오픈했으며 3개의 룸인 미스티크(Mystique), 시크 릿(Secret), 프리 스피릿(Free Spirit)으로 구성되어 있음. 호텔 이름은 '파랄다 (Faralda)'로 제2차 세계대전 당시 네덜란드 농민들의 목숨을 구한 여성 스파이의 이름에서 유래함

3. NDSM

■ 그 외 학생 기숙사 및 업무 관련 사무실, 주거 시설이 확대되고 있음

• NDSM 전체 전경

4. 아이 필름 뮤지엄

세련된 디자인 건축 양식의 영화 박물관

1. 프로젝트 개요

- EYE Film Museum. 영화 관련 3만 7,000편의 필름, 6만 개의 포스터, 70만 개의 사진들과 2만 권의 서적들을 소장하고 있으며 IBM과 Thought Equity Motion이 함께 주요 영화 디지털화 및 보존 프로젝트를 진행하며 영화 개봉관이 위치하게 됨
- 중앙역(Central Station) 맞은편 오버로페크(Overoffeks) 지구에 위치, 오스트리아 건축가 로만 델루건(Roman Delugan)과 엘크 델루간-메이슬(Elke Delugan-Meissl)이 설계했으며 2012년 초 오픈
- 정기적인 주제별 프로그램을 통해 영화사 및 현대 영화의 발전에 대한 토론회가 열리며 이뿐 아니라 독특한 외관을 무대로 다양한 야외 공연과 시기별 축제들이 펼쳐짐
- 연극 공연, 감독 회고전 영화가 포함된 문화 행사의 허브로 거듭남

4. 아이 필름 뮤지엄

• 아이 필름 뮤지엄 외관

• 아이 필름 뮤지엄 내부

2. 아이 필름 뮤지엄 역사

- 영화 기록 보관소는 1946년 키리테리온 피에트 미어버그(Kriterion Piet Meerburg) 감독 등이 창설함
- 1975년부터 2012년 초반까지 박물관은 공연이 열리는 폰덜 파크 파빌리온(Vondel park Pavilion)에 위치했음
- 2010년 네덜란드 영화 박물관은 네덜란드 영화, 필름뱅크, 네덜란드 영화교육연구소를 합병하여 아이 필름 박물관에 합병했으며 건축 기간은 10년 소요됨
- 2012년 4월 4일에 오픈한 뒤 매년 30만 명의 방문객이 방문함

3. 주요 시설

- 4개의 영화관과 1,200m²의 전시실, 교육 활동을 위한 공간, 영화 실습실, 상점, 테라스가 있는 카페-레스토랑을 보유하여 강을 보는 개방감을 주어 암스테르담의 새로운 명소(암스테르담역에서 무료 선박 이용 가능)
- 미래 세대를 위해 네덜란드에서 상영된 네덜란드 영화와 외국 영화를 유산으로 보존하며 네덜란드 영화 문화를 홍보하는 것을 목적으로 함
- 정기적인 주제별 프로그램을 통해 영화사와 현대 영화의 발전에 대한 토론회를 열고 매년 야외 공연, 축제, 연극 공연 및 회고전을 개최함
- 영화 라이브러리가 있어 박물관 컬렉션은 4만 6,000편, 사진 50만 장, 포스터 4만 1,500장, 시나리오, 영화 제작자 아카이브 및 수천 개의 영화 관련 자료들을 보유하고 있음

4. 아이 필름 뮤지엄

• 아이 필름 뮤지엄 내부 전시품들

• 아이 필름 뮤지엄 내부에서 본 암스테르담역

❸ 암스테르담의 주요 랜드마크

• 아이 필름 뮤지엄 내부 카페 및 레스토랑

암스테르담의 주요 랜드마크

5. 아담 룩아웃

암스테르담의 전경을 360° 즐길 수 있는 전망대

1. 프로젝트 개요

- A'DAM LOOKOUT. 2016년 5월 오픈한 전망대이자 암스테르담의 최신 명소. 역사적인 시내의 중심에 위치하며, 항구 지역 및 북쪽의 대들보에 걸쳐 암스테르담의 장엄한 전망을 360°로 제공함
- 룩아웃 전망대는 빌딩 지붕 위에서 유럽 최고의 스윙을 제공하며 지상에서 거의 100m 높이에 있는 안전한 케이블 하네스에 단단히 고정하여 스릴 넘치는 높이에서 탑 가장자리를 스윙을 통해 구경할 수 있음
- 룩아웃 전망대의 위치는 아이 필름 뮤지엄 옆이자 에이(IJ) 은행가의 아이콘 타워(A'DAM Tower) 최상층(20층)이며 센트럴 역임. 엘리베이터로 최상층 도착 소요 시간은 20초
- 기본 입장권은 성인은 13.5유로, 아동은 7.5유로이며 룩아웃의 입장권에는 'Free Digital Memory'라는 문구가 있으며 이를 통하여 자신의 모습과 전망대의 사진을 합성하여 무료로 다운로드받을 수 있음
- 전망대 내부에서는 암스테르담의 도시 모형을 볼 수 있으며 가벼운 식사를 해결할 수 있는 바(Bar)가 있음

암스테르담의 주요 랜드마크

룩아웃 전망대 전경

• 룩아웃 전망대 입구

5. 아담 룩아웃

• 전망대 스윙 '오버 디 엣지(Over the Edge)'

6. 하이네켄 익스피리언스
양조장 산업유산지를 브랜드 마케팅 장소로 재생

1. 프로젝트 개요

- Heineken Experience. 1867년 오픈한 역사적인 양조장으로 하이네켄(Heineken) 맥주 시음 및 체험관
- 1991년부터 일반인에게 공개되어 시작된 양조장 투어는 2001년부터 '하이네켄 익스피리언스'라는 이름으로 바뀌면서 최고의 명소로 자리매김함
- 2008년 광범위한 확장을 거쳐 재개관한 하이네켄 익스피리언스는 역사적 스토리, 제조 과정 및 최신 하이테크 멀티미디어 기술과의 융합을 통하여 브랜드 마케팅을 강화함
- 맥주가 만들어지는 과정을 직접 체험할 수 있으며 입장권에 맥주를 공짜로 얻을 수 있는 티켓이 포함되어 바로 막 만든 생맥주를 마실 수 있음

6. 하이네켄 익스피리언스

• 하이네켄 익스피리언스 외관

• 하이네켄 익스피리언스 양조장

❸ 암스테르담의 주요 랜드마크

• 하이네켄 익스피리언스 내부 바(Bar)

• 하이네켄 맥주 제조 과정 영상

7. 파크랜드 빌딩
정원 도시 주거 형태 아파트

1. 프로젝트 개요

- Parkrand Building. 파크랜드는 회젠벨트-슬로테르메이르(Geuzenveld-Slotermeer) 자치구의 도시 재건축 프로젝트 중 하나로 정원과 주거 환경이 결합된 암스테르담의 변화하는 정원 도시 주거 형태 아파트
- 3만 5,000m^2 규모, 길이 135m, 높이 34m, 깊이 34m 구조로 크게 높이 솟은 공동 테라스와 옥상의 펜트하우스 사이에 다섯 개의 탑을 포함하고 있으며 이는 열린 공간과 통풍이 잘 되는 공간을 만들어 주고 모든 방향에서 다른 전망을 제공함
- 세 개의 L형 건물로, 작은 공원 옆에 위치한 223세대로 구성됨. 2004년 건축을 시작하여 2007년 완공, MVRDV 설계

❸ 암스테르담의 주요 랜드마크

• 파크랜드 빌딩 외관

2. 개발 특성

- 파크랜드 단지는 L형 블록으로 이루어져 있어 공원의 시야를 개선하는 것을 목표로 함
- 주민들과 함께 사용할 수 있는 넓은 공용 공간(파티오)과 일련의 옥상 펜트하우스 사이에 끼워진 5개의 탑은 통풍이 잘 되는 블록을 만들고 모든 방향에서 다른 이웃의 시야를 방해하지 않는 선에서 다른 시각을 제공함
- 탑은 동네에서 공원까지의 시야를 가리지 않도록 배치하여, 모든 아파트에서 공원 전망과 일출을 즐길 수 있음

7. 파크랜드 빌딩

• 파크랜드 공원

• 파크랜드 중앙 정원

출처: www.mvrdv.com

암스테르담의 주요 랜드마크

8. 이스턴 도클랜드
쇠퇴한 항구를 주거 문화 복합 시설로 재생

1. 프로젝트 개요

- Eastern Dockland(네덜란드어 Oostelijk Havengebied). 암스테르담-오스트(Oost)의 자치구에 있는 에이(IJ) 운하와 암스테르담-라인 운하 사이에 위치한 항구로 19세기 후반 네덜란드 동인도와의 무역 증대를 위해 건설되었으나 20세기 중반 쇠퇴하여 주거 문화 복합 시설로 재생
- 이 지역은 오스텔레이커 한델스카더(Oostelijke Handelskade), KNSM섬(Island), 야바섬(Java-Island), 보르네오섬(Borneo-eiland) 및 스포렌뷔르흐(Sporenburg), 아바투아르·페이마르크트 지역·엔트레폿 베스트·크뤼퀴스섬(Abattoir and Veemarkt sites and Entrepot-West, Cruquiuseiland), 리틀란던(Rietlanden) 등 6지역으로 구성됨
- 이 지역은 약 3분의 2의 물과 3분의 1의 땅인 습지 지역으로 오스텔레이커 한델스카더의 확장과 4개의 인위적인 '섬(반도)'으로 이루어져 있으며, 모두 이전의 산업 및 항구 부지로 1990년부터 2000년대 초까지 주거 및 문화 공간으로 대규모로 탈바꿈한 재생 지구임

8. 이스턴 도클랜드

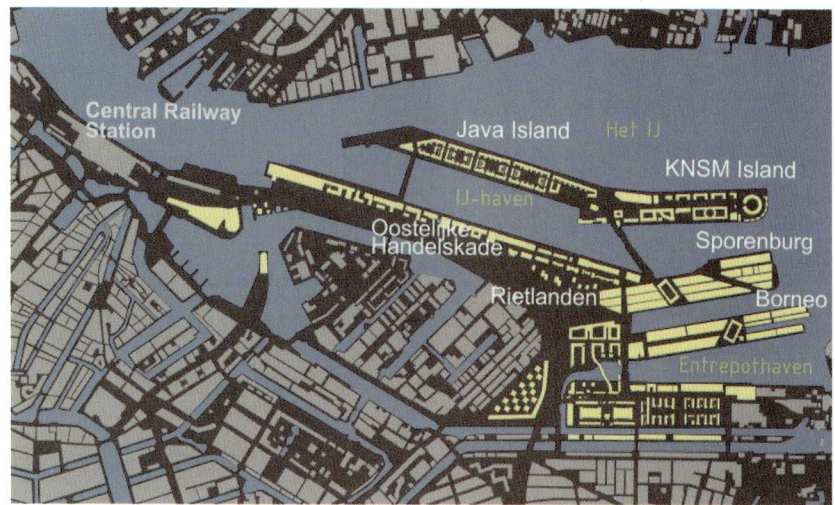

Kunst- en architectuurroute in het Oostelijk Havengebied Amsterdam
Art and architecture route in Amsterdam Eastern Docklands

2. 역사

- 19세기 중반에 네덜란드 정부는 도시의 오픈 하버 프론트(open harbor front) 개발을 위하여 암스테르담 중앙역 건설 및 무역의 증대로 암스테르담 신규 부두 필요성이 증대함
- 이 부두가 이스턴 도클랜드의 시작이었으며, 기존의 항구 지역인 석탄 및 철광석 운송에 사용되는 스포르베흐바셍(Spoorwegbassin)과 인접하여 개발
- 최초 오스텔레이커 한델스카더(1876)의 개발로 암스테르담에는 역사상 처음으로 심해 항만이 생겼으며, 유럽, 아시아, 아프리카 등과의 무역을 위한 창고가 건설되고 철도 트랙과 로딩 및 언로딩을 위한 스팀 동력 크레인 등이 설치됨
- 19세기 산업혁명으로 해상 운송량이 증가하자 1890년에는 미래의 야바섬과 KNSM섬을 시작으로 댐이 계획되고 1896년 에이카더(IJkade)는 댐과 인접해 항만이 건설되었음
- 심해 항만은 많은 경제적 발전을 가능하게 하여 1903년 KNSM은 급속한 성장을 경험함. 20세기 초에 네덜란드 동인도주식회사에서 승객 수송이 증가하는 등 지속적인 발전이 있었지만 제2차 세계대전 후 이 지역의 항만 활동은 서부 도클랜즈(Western Docklands)의 발달, 항공화물 수요 증가로 1970년대 완전히 쇠퇴함
- 1978년 네덜란드시는 도시 팽창에 따라 시내에 인접하며 주거 환경에 적합한 쇠퇴된 동부 항구 지역을 주거 지역으로 개발하기로 결정함
- 1980년 비어 있는 보세창고 지역에 젊은 예술가의 스튜디오 및 거주 공간이 생겨났으며 불법 주거 점거자들이 모여들게 됨
- 1990년에 도시 개발 계획을 본격적으로 수립하여 2003년까지 주거, 문화 공간으로 재생함

8. 이스턴 도클랜드

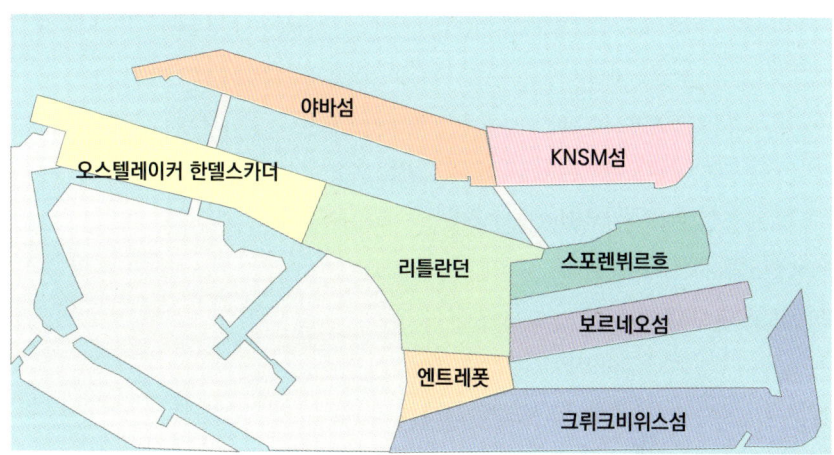

• 이스턴 도클랜드 구역 지도

1) 오스텔레이커 한델스카더(문화 및 관광 클러스트 지구로 재생)

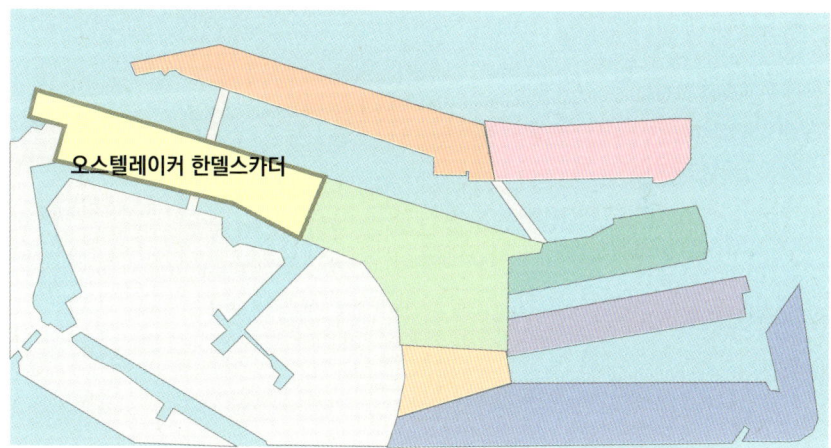

• 오스텔레이커 한델스카더 위치

- 오스텔레이커 한델스카더 전경 출처: www.cruismapper.com

- 도클랜드 개발의 핵심 요소는 동부 부두인 오스텔레이커 한델스카더로 에이(IJ) 항구에 위치. 1883년에 건설되었으며 2001년 얀 스하퍼르 다리(Jan Schaefer Bridge)에 의해 야바섬(Java Island)과 연결됨
- 특징적인 건물 중 하나는 로이드 호텔(Lloyd Hotel)로 1921년 동유럽 출신인들이 중남미 이민을 가기 위한 임시 주택으로 건설한 것. 제2차 세계대전 중 독일 점령자들이 감옥으로 사용했으며 1964년 미성년 유죄 판결을 받은 죄수들을 위한 감옥으로 쓰이다가 2004년에 호텔로 변경함(120개의 객실)
- 재개발을 위한 가장 중요한 장소 중 하나인 이곳에서 새로운 다목적 프로그램을 개발함. 역사적인 도심이자 순환 도로에 가까운 지역으로 문화 및 관광 클러스터를 형성. 크루즈 터미널, 극장, 문화 시설, 호텔·회의 장소, 투어링 터미널 및 카페를 건설함

• 오스텔레이커 한델스카더의 과거(왼쪽)와 현재(오른쪽)

• 로이드 호텔 외관

2) KNSM섬(문화 및 주거 지구로 재생)

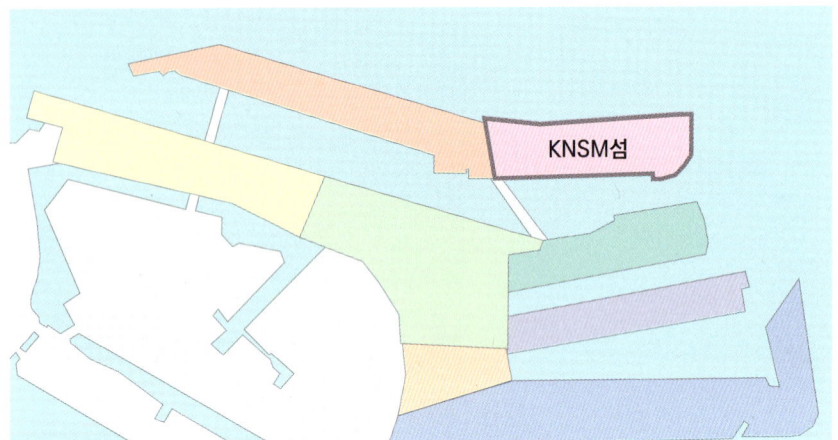

• KNSM섬 지도

• KNSM섬

- KNSM섬은 암스테르담의 동부 도클랜드에 있는 인공 섬으로 이전에 로열 네덜란드 기선회사(Koninklijke Nederlandse Stoomboot-Maatschappij)에서 유래함. 동쪽 부두 지역 중 최초로 주거 지역으로 재개발된 곳
- 원래 이 섬은 인접한 야바섬 스카이돔(Skydome)과 마찬가지로 오스텔리커 한델스카더의 방파제였으며 KNSM사는 1977년 암스테르담의 웨스턴 도클랜드로 이주함. 1980년대 불법 거주자·예술가·도시 유목민들이 이 지역을 점거함
- 1990년대에는 최초의 대규모 주거 지역으로 개발되어 슈퍼블록의 혼합된 사용을 고려해 중앙의 길을 따라 많은 개별 주택과 아파트를 건설함. 주택 단지는 개방적인 성격으로 임대주택과 자가 소유 주택의 비율을 50:50으로 하고 블록이나 필지마다 각각 다른 건축가들이 담당함
- 주요 건물로 Loods6에는 현재 예술가의 작업 공간, 갤러리 스카이돔, 에메랄드 엠파이어(Emerald Empire), 바르셀로나(Barcelona), 피라우스(Piraeus) 등의 주거 및 상업 건물이 있음

• KNSM섬의 과거(왼쪽)와 현재(오른쪽)

암스테르담의 주요 랜드마크

• KNSM 스카이돔 외관*

• 에메랄드 엠파이어 외관*

3) 야바섬(주거 지구로 재생)

■ 야바섬은 KNSM섬의 서쪽에 위치한 인공 섬으로, 1900년경 대규모 선박이 정박하는 부두로 건설되었으나 새로운 부두가 암스테르담시 서쪽에 만들어지자 버려진 공간이 1,300세대를 위한 주거 지구로 전환되었음

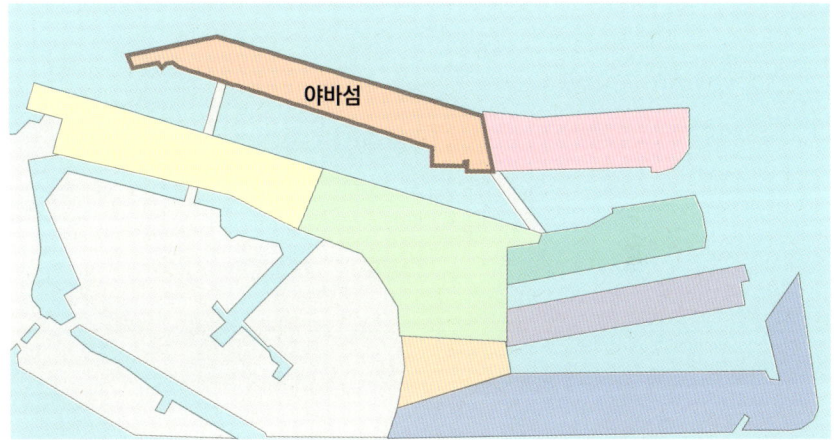

• 야바섬 지도

• 야바섬 내부

• 야바섬 전경
출처: JAVA-ISLAND Harbour renovation

- 거주에 적합하면서 물과 친밀한 관계를 가진 섬으로 만들기 위해서 전체적인 랜드스케이프 계획으로 KNSM섬보다 폭이 20m 더 좁으며 도시 계획의 전제 조건은 에이해와 에이하변만 전망을 최대한 확보하도록 건물을 부두 면에 평행하게 배치함
- 동서로 연결된 자전거 길과 건물로 둘러싸인 중앙 정원을 갖는 블럭을 만들며 전제 조건으로 총 다섯 개의 블럭으로 나누고 다양한 생활 패턴을 수용하는 6개의 주거 유형 다양화를 실현함. 블럭 안 주택들은 7명의 건축가가 계획하고 수변에 면한 건물의 파사드에 투영되도록 하며 주거 블록이나 외부 공간은 물과 직접적 관계를 갖기보다는 물과 관계 있는 도시 경관, 즉 '물로의 조망'과 '물로부터의 조망'을 극대화시키는 방법을 취함

• 야바섬의 과거(왼쪽)와 현재(오른쪽)

4) 보르네오섬과 스포렌뷔르흐

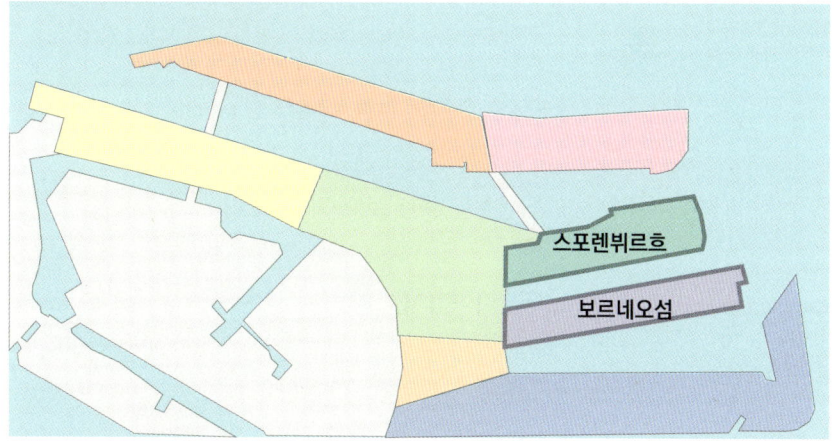

• 보르네오와 스포렌뷔르흐 지도

■ 화물 운송과 격납고로 사용되어 왔던 보르네오와 스포렌뷔르흐는 작은 만

❸ 암스테르담의 주요 랜드마크

인 스포르베흐바생을 사이에 두고 마주 보고 있는 암스테르담 동북쪽 반도로 보르네오와 스포렌뷔르흐라는 두 개의 버려진 항만을 저층이지만 고밀도의 주택 단지로 개발해 주로 도시 중심부에서 보이는 고밀도 현상을 도시 외곽으로 분산할 수 있는 가능성을 시사한 커뮤니티 재생의 성공적인 사례(1996~2000년)

• 보르네오섬과 스포렌뷔르흐 전경

출처: west8.com

• 과거의 보르네오섬과 스포렌뷔르흐

8. 이스턴 도클랜드

- 암스테르담시는 1989년 동쪽 부두 지역을 위한 총체적인 마스터플랜을 완성했고, 1992년 보르네오와 스포렌뷔르흐 계획에 공식적으로 착수함. 부지와 물의 대비를 통한 암스테르담적인 수변 개발을 강조
- 물은 이 지역의 주요한 경광이자 여흥의 요소이며, 부두는 상륙장과 하역장일 뿐 아니라 공공 공간으로 계획함. 두 섬의 23ha 면적에 2,500호의 주택과 두 개의 학교, 오피스, 상점, 레스토랑, 스포츠 센터, 의료기관, 요트 클럽 등의 상업 및 커뮤니티 공간 건설
- 헥타르당 100호의 밀도를 유지, 공공 주택과 민간 개발 주택의 비율을 50대 50으로 건설할 계획이었지만 결과적으로 공공 주택 30%와 민간 분양 주택 70%의 비율로 됨
- KNSM섬 입주자들은 대부분 1~2인 가족 구성으로, 섬 북쪽 부두 180호의 아파트에는 아이들이 거의 살지 않아 새로 개발되는 주거 지역이 독신자들을 중심으로 하는 단일한 인구 구성 지역이 되는 것을 우려해 자녀가 있는 입주자들에게 매력적인 주거를 제공하는 것이 무엇보다 중요한 목표로 설정됨
- '물'의 공간(스포르베흐바생: spoorwegbasin)을 '물의 광장(square of water)'으로 인식함. 이는 녹지를 대신하는 수공간(blue for green)이라는 개념으로 설계

• 보르네오 운하 주택

❸ 암스테르담의 주요 랜드마크

- ▣ 이 지역을 개발할 때도 두 섬을 분리시켜 계획하지 않았으며 두 섬을 연결하는 붉은 다리인 피트혼브뤼흐(Pythonbrug, 비단구렁이)는 두 섬을 이어 줌
  - 2001년 개통된 피트혼브뤼흐는 West 8에서 담당하여 건설했으며 길이는 90m

• 피트혼뷔르흐 외관

• 피트혼뷔르흐 위

8. 이스턴 도클랜드

■ 더 웨일(The whale) 건물
- 더 웨일은 건축가 프리츠 판 동언(Frits van Dongen)이 디자인한 것으로, 처마의 비스듬한 모양과 아연 도금을 사용했음. 섬의 위치 때문에 더 웨일이라 불리며 이 건물은 214세대의 주거 공간 중 3분의 2가 공공 주택임

• 더 웨일 외관

❸ 암스테르담의 주요 랜드마크

■ 보르네오 건축 디자인 센터(Borneo Architectuur Centrum, BAC)
- BAC(Borneo Architecture Centrum)는 이스턴 도클랜즈의 건축과 지역 전통의 발전을 설명하며, 다양한 건축물 모형이 있는 소형 박물관

• 보르네오 건축 디자인 센터 내부

5) 아바투아르·페이마르크트 지역·엔트레폿 베스트·크뤼퀴스섬(Abattoir and Veemarkt sites and Entrepot-West, Cruquiuseiland)

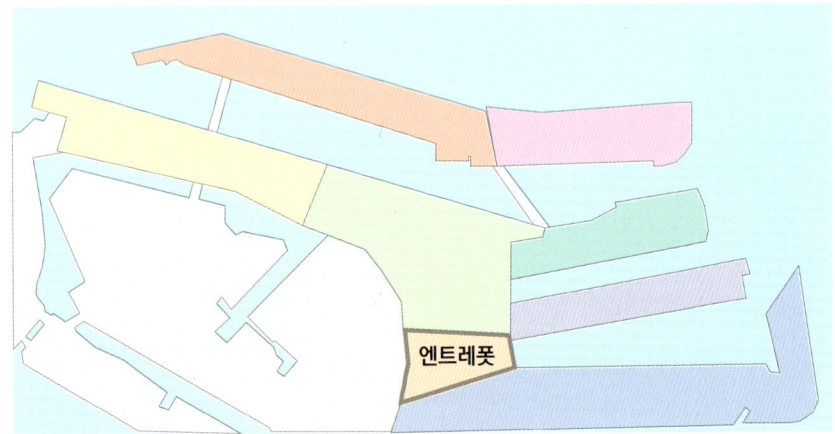

• 엔트레폿 지도

■ 1987년 재개발된 곳으로 550가구의 공공 임대주택을 건설함. 과거 가축 시장, 도살장 지역을 비즈니스에 맞는 주거, 소규모 상가 지역으로 재생함

• 아바투아르 페이마르크트 시터스 앤드 엔트레폿-베스트의 과거(왼쪽), 진행(가운데), 현재(오른쪽)

6) 리틀란던

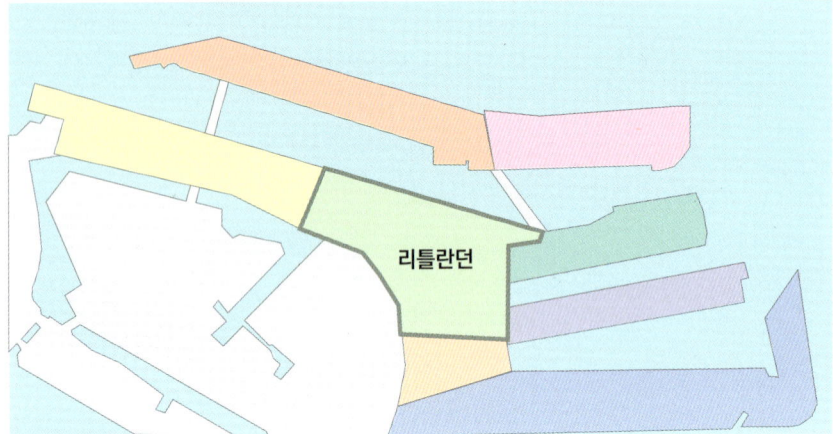

• 리틀란던 지도

■ 이스턴 도클랜드의 교통 중심지, 보존과 개발 원칙, 주거 및 상업 혼용 개발

• 리틀란던 거리

8. 이스턴 도클랜드

• 리틀란던에 있는 아파트

• 리틀란던의 과거(왼쪽)와 현재(오른쪽)

암스테르담의 주요 랜드마크

9. 아이 엠 스테르담
암스테르담의 도시 아이콘

1. 프로젝트 개요

- I am sterdam. 박물관 광장(Museum plein)의 암스테르담 국립박물관(Rijks museum) 뒤편에 위치했던 대형 암스테르담 슬로건은 암스테르담의 브랜드 도시 아이콘임
- 높이 2m, 폭 23.5m의 크기를 자랑하며 하루에 약 8,000번 이상의 사진이 찍힘
- 2002년부터 도시 브랜드 개발에 착수해 2004년 9월 공식 발표
- 'I amsterdam', '내가 바로 암스테르담이다'라는 의미. 암스테르담 지역명과 Be동사를 교묘하게 조합한 재미있는 문장으로 띄어 쓰지 않고 붙여 쓴 점도 포인트
- 2018년 12월 네덜란드 정부에서 방문객 수 관리를 위하여 국립미술관 측과 함께 'I am sterdam' 조형물을 스키폴 공항 근처로 옮김
- 단순 조형물로 그치지 않고 각종 가방, 옷 등 다양한 제품과 콜라보레이션도 진행됨
- 당초 도시 브랜드 홍보 목적과 달리 과다한 혼잡 등 역효과가 발생하여 현재는 암스테르담 스키폴공항 등 도심 외각에 설치했으며 고정적인 설치가 아니라 순환적인 설치 정책을 펼침

9. 아이 엠 스테르담

• 아이 엠 스테르담 조형물

• 아이 엠 스테르담과 국립 미술관

10. 니모 과학 박물관

노동자 박물관을 과학 박물관으로

1. 프로젝트 개요

- NEMO Science Museum. 1997년 개장한 박물관으로 1923년 노동자 박물관으로 사용되던 것을 재생한 사례
- 이탈리아 건축가인 렌초 피아노(Renzo Piano)가 설계했으며 총 5층으로 구성됨
- 5~15세까지의 어린이들을 위한 과학과 기술의 교육 체험장이 마련되어 있음
- 층별 구조

구분	내용
1층	뱀부 하우스, 물방울 기구, DNA 코너, 컴퓨터 월드
2층	기계 공원, 수력 및 태양열 실험실
3층	슈퍼 뱅커(Super Banker), 현미경 관찰실
4층	인체관
5층	건물 옥상 광장

- 5층 옥상에서는 암스테르담 시내를 한눈에 감상할 수 있으며 물놀이 시설도 정비되어 있음. 최상층은 다른 입구를 통해 들어올 수 있게 무료 개방되어 있음

10. 니모 과학 박물관

• 니모 과학 박물관 외관

• 니모 과학 박물관 내부*

❸ 암스테르담의 주요 랜드마크

• 니모 과학 박물관 루프 테라스

출처: amsterdam.info

• 박물관 루프탑 테라스에서 본 암스테르담 시내 전망

11. 실로담
다양한 별명을 가진 아파트

1. 프로젝트 개요

- Silodam. 2003년 완공된 아파트로 157세대가 거주하는 10층짜리 수상 컨테이너 아파트
- 1990년대 네덜란드의 부동산 붐과 거주 공간의 다양성에 대한 요구가 높아짐에 따라 건축된 아파트로 1만 9,500m². 157세대 중 15세대는 사회임대주택으로 MVRDV가 설계함
- 각 세대는 평수와 내부의 형태가 다양하며 대부분 가운데 복도를 공유함
- 몇 개의 세대가 같은 디자인의 외벽을 공유하며 내부 디자인도 비슷하여 다양한 이웃 커뮤니티가 활성화되어 있음
- 워터(Water), 파노라마(Panorama), 엑스 하우스(X-house) 등의 이름을 가짐

❸ 암스테르담의 주요 랜드마크

• 실로담 하우스 외관

• 실로담의 복도

출처: dezeen.com

11. 실로담

• 실로담의 내부 모습

출처: dezeen.com

12. 보조코스 하우신

혁신적 실버 주택

1. 프로젝트 개요

- WOZOCO's Housin. 1997년 노인 주거자들을 위해 도시 외곽 공원 부지에 건축된 100세대의 혁신적 실버 단지
- MVRDV가 설계했으며 7,500m²의 넓이로 총 87세대로 이루어져 있음. 햇빛 조망권에 대한 적절한 접근을 위해 갤러리 형태의 순환 설계로 지어짐
- 13세대는 북쪽 외관에서 유닛을 캔틸레버 형식으로 배치했음
- 남쪽 외관은 발코니의 다양한 색상과 크기, 위치를 통해 거주자에게 개성 및 다양성을 제공하고 있음

• 보조코스 하우신 외관

12. 보조코스 하우신

• 보조코스 하우신의 독특한 외관

• 캔틸레버 형식의 주거지

13. 요르단 거리

빈곤 지역을 유명 상가 문화 시설로 재생

1. 프로젝트 개요

- Jordan Street. 암스테르담 도시 중심가에 있는 아름다운 주택, 멋진 레스토랑 및 상점으로 유명한 거리
- 운하 사이에 있는 많은 다리에서 보이는 아름다운 풍경 때문에 북쪽의 베네치아라고 불리며 요르단 거리의 인기 있는 거리는 '프린셍라흐트(Prinsengracht)', '베스테르스트라트(Westerstraat)', 하를레메르스트라트(Haarlemmerstraat)' 및 '9 스트라트여스(9 straatjes)'
- 17세기 초반에 건설된 요르단 거리는 프랑스, 영국, 스페인, 포르투갈 및 기타 타국의 노동자 계급과 빈곤한 이민자 거리였음
- 현재는 문화 및 쇼핑 거리로 재생됨. 요르단 거리는 정원을 뜻하는 자르댕(Jardin)이라는 프랑스 단어에서 유래함
- 많은 예술가와 학생, 젊은 층들이 선호하고 방문하는 지역

13. 요르단 거리

• 요르단 거리

• 요르단 거리 지도

❸ 암스테르담의 주요 랜드마크

- 9 스트라트여스 거리

출처: 플리커 - Taz

출처: www.mr-amsterdam.com

암스테르담의 주요 랜드마크

14. 더 할런
트램 차고지로 사용되던 공간을 문화 복합 시설로 재탄생

1. 프로젝트 개요

- De Hallen. 오우드 웨스트 지역에 위치한 더 할런은 1905년부터 수십 년 동안 트램 차고지로 사용되던 공간을 현대적인 복합 문화 공간으로 탈바꿈한 도시 재생 프로젝트로 패션, 예술, 문화, F & B, 공예를 즐길 수 있는 활기찬 예술과 문화의 중심지가 되었음
- 2005년부터 시작된 재생 프로젝트는 점차 지방 정부, 민간 기업, 지역 사회가 협력하여 추진했고 기존에 트램 차고로 사용되던 내부를 철거하고 재생하는 과정에서 주민들과 지역 사회의 요구를 반영하여 기존의 산업적 특정은 유지하며 현대적인 기술을 결합해 2014년 현재의 더 할런이 탄생했음
- 9개의 최신 상영 시설과 가장 오래된 영화관 중 하나인 정통 아르데코 인테리어로 장식된 영화관, 최고 수준의 길거리 음식과 실내 음식을 판매하는 노점이 늘어선 푸드홀렌, 스타일리시한 인테리어가 인상적인 부티크 호텔, 로컬 아티스트와 디자이너들이 만든 공예품을 판매하는 공예 시장과 전시 공간으로 사용할 수 있는 커뮤니티 공간 등으로 구성되어 있음
- 더 할런은 문화적 요구를 충족시키는 복합 공간의 역할을 하는 도시 재생 프로젝트의 성공적인 사례임

❸ 암스테르담의 주요 랜드마크

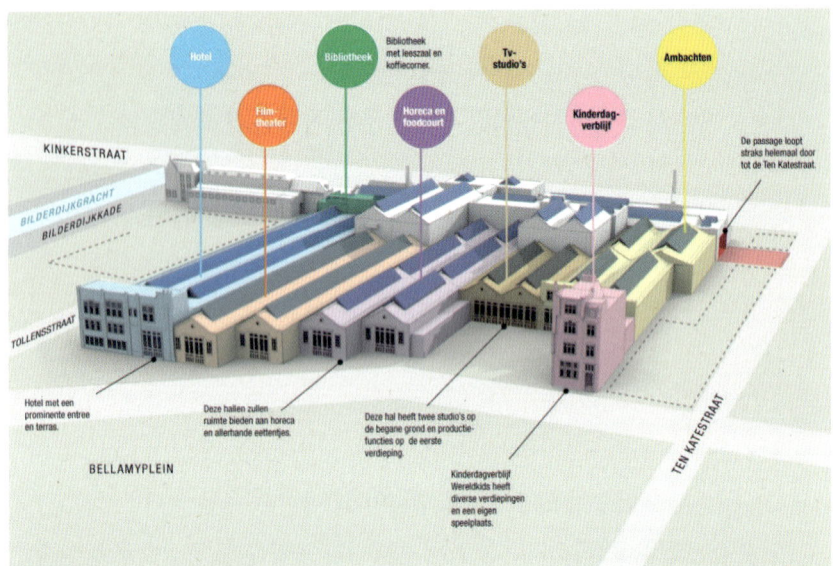

• 더 할런 평면도

• 더 할런 내부

출처: www.iamsterdam.com

2. 데님 시티

- 더 할런 내에 위치한 데님 시티(Denim City)는 데님 세계의 전문가를 한자리에 모아 데님에 대한 특별한 디자인과 데님 산업의 지속가능한 혁신을 촉진하는 곳으로 데님 브랜드, 디자이너, 생산자, 교육 기관 등 다양한 이해관계자들이 모여 협력하는 공간임
- 데님 산업의 인재를 양성하는 교육 기관인 '하우스 오브 데님(House of Denim)'을 운영하며 다양한 워크숍과 강연을 정기적으로 개최해 데님 산업의 미래를 위해 힘쓰고 있음
- 지속가능한 패션을 중요시하는 데님 시티는 친환경적인 생산 방법과 재활용 소재 사용, 물 소비 절감, 친환경 염색 기술 등의 재활용 기술을 적극적으로 도입하며 환경에 미치는 영향을 최소화하기 위해 노력함

• 데님 시티 작업실

출처: denimcity.org

❸ 암스테르담의 주요 랜드마크

• 데님 시티 매장

출처: denimcity.org

암스테르담의 주요 랜드마크

15. 크리스탈 하우스
유리 벽돌로 지어진 플래그십 하우스

1. 프로젝트 개요

- Crystal Houses. 암스테르담 유일의 고급 쇼핑가인 페세 후프트스트라트(PC Hooftstraat)에 위치한 크리스탈 하우스는 전면 대부분을 유리 벽돌, 유리 창틀, 유리 아키트레이브를 사용하여 완전히 투명한 외관을 실현한 혁신적인 건축물로, MVRDV 건축 사무소가 설계하여 2016년 완성되었음
- 크리스탈 하우스의 혁신적인 디자인은 원래 주거용으로 사용되던 건물의 건축적 특성과 개성을 유지하면서도 현대적 매장에 필요한 독창성을 제공하여 거리의 풍경과 조화롭게 어우러짐과 동시에 다른 매장과 차별화되는 플래그십 매장을 탄생시켰음
- 주요 자재인 유리 벽돌은 특수한 공정으로 제작되었으며 유리 아키트레이브는 최대 4만 2,000뉴턴의 힘을 견딜 수 있고 고강도 UV 접합 투명 접착제를 사용하여 서로 결합해 안정성을 높임

❸ 암스테르담의 주요 랜드마크

• 크리스탈 하우스 외관

• 실내에서 바라본 유리 벽돌

암스테르담의 주요 랜드마크

16. 슬라위스하위스 레지던스
암스테르담의 현대적 주거 공간

1. 프로젝트 개요

- Sluishhuis Residences. 슬라이스하위스(Sluishhuis)는 BIG(Bjarke Ingels Group)와 바코드아키텍츠(Barcode Architects)가 설계했으며 에이뷔르흐(IJburg) 지역에 위치해 있는 암스테르담의 대규모 수변 개발 프로젝트로 2018년에 착공하여 2022년에 완공되었음
- 3만 5,000m²의 건물은 약 442개의 주거 공간을 포함하며 모듈형 디자인으로 다양한 주거 유형과 크기를 제공하고 곳곳에 상점과 카페 등이 위치해 있어 입주민들의 편의성을 높임
- 슬라위스하위스는 네덜란드어로 '수문 집'이라는 뜻으로 유려한 곡선과 기하학적 형태가 결합된 외관이 인상적이며 가장 큰 특징인 U자 형태인 건물은 호수로 돌출되어 있어 물과의 연결을 강화하는 구조적 디자인으로 에이(IJ) 호수와 조화를 이룸
- 지속가능성을 건물 설계의 핵심 원칙으로 삼고 있으며 에너지 효율적인 시스템, 환경친화적인 재료 사용, 물 관리 및 녹지 공간 조성 등을 통해 환경보호와 지속가능한 도시 생활을 실현하고 있음

❸ 암스테르담의 주요 랜드마크

• 슬라위스하위스 전경

• 슬라이스하위스에서 바라본 에이 호수

암스테르담의 주요 랜드마크

17. 디 엣지 첨단 사무실
세계에서 가장 친환경적인 건물

1. 프로젝트 개요

- The Edge. 암스테르담 남쪽 상업 지구인 자위다스에 위치한 사무용 빌딩으로, 딜로이트(Deloitte)와 OVG 리얼 에스테이트(Real Estate)에 의해 개발되어 2014년 9월 완공되었으며 4만m^2 면적의 15층 건물에는 딜로이트 네덜란드 사무실, 부동산 기업 OVG, PLP 아키텍처(Architecture) 등이 입주해 있음
- 브리암(BREEAM, 친환경 건축물 인증제도) 인증에서 98.36%라는 사상 최고 기록을 세우며 '아웃스탠딩(Outstanding)' 등급을 받아 세계에서 가장 환경친화적인 건물로 여러 기술적 혁신을 도입하고 친환경적인 설계로 필요 에너지의 102%를 스스로 생산함
- 태양 전지판, 대수층 열에너지 스토리지, 빗물 사용 화장실 등 필요 에너지의 102%를 스스로 생산하며 제로 에너지 건물로 평가받고 있으며 IoT 지원 모바일 앱을 통해 직원들은 업무 공간의 조명과 온습도를 제어할 수 있고 이 앱으로 건물 내에 설치된 약 2만 8,000개의 센서로 수집된 데이터를 분석하여 에너지 사용을 최적화함
- 건물 중앙 아트리움은 대형 유리 패널로 구성된 광대한 유리 천장으로, 풍부한 자연광을 들여오고 건물 내 공기의 순환을 돕는 구조로 자연 환기 시스템을 적용해 실내 공기의 질을 향상시키며 에너지 효율성을 높임
- 직원들의 업무 효율은 물론 건강과 웰빙을 고려하여 설계된 건물은 피트니

스 센터, 자전거 주차 시설, 신선한 공기 공급 시스템을 갖추고 있고, 건강한 식사를 제공해 주는 카페테리아와 휴식 공간이 있어 직원들의 만족도가 높음

• 디 엣지 건물 외관

• 디 엣지 중앙 아트리움

출처: edge.tech

암스테르담의 주요 랜드마크

18. 마흐나 플라자
우체국을 쇼핑 센터로 재생

1. 프로젝트 개요

- Magna Plaza. 건축가 코르넬리스 헨드릭 페터르스(Cornelis Hendrik Peters)가 지은 건물이며 네오고딕 형식과 런던 의회 건물의 양식을 섞어 만들었음
- 1899년에 지어진 19세기 네오고딕 양식의 옛 우체국 건물을 1992년 리모델링한 복합 쇼핑몰
- 기존의 중앙 홀 옆으로 있는 오픈된 공간은 지하실에서 지붕까지 넓은 분위기를 만들며 돔형의 유리 지붕을 통해 들어오는 자연광을 통하여 자연스러움을 강조함
- 외관 못지않게 내부도 굉장히 화려하여 패션숍부터 보석, 인테리어, 잡화 등 다양한 매장들이 있으며 대부분 유명 브랜드들이 입점하여 총 4개 층으로 구성됨

❸ 암스테르담의 주요 랜드마크

• 마흐나 플라자 외관

• 마흐나 플라자 내부 천장*

18. 마흐나 플라자

• 마흐나 플라자 내부 인테리어*

19. 스타벅스 더 뱅크 콘셉트 스토어

은행 금고를 카페로 재생

1. 프로젝트 개요

- Starbucks The Bank Concept Store. 1920년에 세워진 암스테르담 은행의 지하 금고 자리를 이용하여 꾸민 스타벅스 콘셉트 스토어로 유럽에서 가장 큰 무대
- 입구에는 통유리를 통하여 매장의 내부를 구경할 수 있음
- 여러 층으로 공간이 이루어져 있어 여러 음악 밴드 공연이나 시 낭송과 같은 다양한 문화 행사가 개최됨
- 내부의 디자인 중 마감용으로 사용된 나무는 네덜란드산 오크우드를 재활용했으며 의자 또한 지역 학교에서 버린 것을 재활용함
- 리즈 뮬러(Liz Muller)가 35명의 네덜란드 디자이너와 아티스트를 이끌고 매장 전체를 디자인함

19. 스타벅스 더 뱅크 콘셉트 스토어

• 스타벅스 더 뱅크 내부

• 스타벅스 더 뱅크 입구

❸ 암스테르담의 주요 랜드마크

• 스타벅스 더 뱅크 전체 외관

도시의 얼굴 - 암스테르담·로테르담

4

암스테르담의 주요 명소

암스테르담의 주요 명소

1. 암스테르담 운하
100km 이상 이어지는 긴 운하

- Amsterdam Canal. 100km 이상의 운하 길이와 90개의 섬, 1,500여 개의 다리로 구성됨
- 암스테르담의 주요 운하
  ① 헤렝 운하(Herengracht, 귀족의 운하)
  ② 프린셍 운하(Prinsengracht, 왕자의 운하)
  ③ 케이제르스흐 운하(Keizersgracht, 황제의 운하)

• 암스테르담 운하 전경

■ 운하 내에는 크루즈 여행이 마련되어 있으며 그 중 '플라스틱 웨일(Plastic Whale)'이라는 기업에서는 운하 크루즈와 동시에 쓰레기 낚시라는 새로운 개념으로 2018년 암스테르담 운하에서 약 4만 6,000개 이상의 플라스틱 병을 수거함

• 암스테르담 운하의 크루즈선

2. 담 스퀘어
과거 운하를 막던 댐이 있던 자리에 생긴 광장

- Dam Square. 암스테르담을 가로지는 암스텔 강을 막아 댐을 세운 자리에 생긴 광장으로 암스테르담의 중심부에 위치하고 있음
- 주변 건물로 신교회(Nieuwkerk), 왕궁(Koninklijk Paleis), 제2차 세계대전 희생자를 기리는 기념물(National Monument)과 흰 돌기둥이 있음
- 광장 정면에는 야코프 판 캄펀(Jacob van Campen)이 건설한 암스테르담 왕궁(Koninkijk Palaeis)이 있음
- 암스테르담 왕궁(Koninkijk Palaeis)
  - 현재는 왕가의 집무소 역할을 하는 궁전 중 하나로 사용되고 있지만 원래 용도는 암스테르담 시청으로 지어짐
  - 1648년 야코프 판 캄펀이 건설에 착수해 1만 3,000개 이상의 나무 기둥과 독일산 황금빛 사암을 재료로 만들었으며 이후 다니엘 스탈파렛이 기술적 보충을 함
  - 내부의 중앙홀은 바닥에 대리석을 사용했고 바닥에 서반구와 동반구를 그린 2개의 그림이 있음
  - 1655년 7월 20일 시장과 시의회가 전면 개방했으며 1806년 나폴레옹의 동생 루이스 나폴레옹이 시청을 왕궁으로 바꿈
  - 나폴레옹의 퇴위 이후 1813년 윌리엄 6세 왕자가 네덜란드로 복귀하여 시청사를 궁전으로 쓰기로 결정함
  - 1936년 네덜란드 왕국의 소유로 등재되었음

2. 담 스퀘어

• 담 스퀘어 전경*

• 담 스퀘어의 암스테르담 궁전

3. 암스테르담 국립 미술관
네덜란드를 대표하는 미술관

- Rijksmuseum. 네덜란드 왕 루이 보나파르트가 1808년 창설했으며 현재의 건물은 1885년에 개관함
- 피에르 퀴퍼스(Pierre Cuypers)의 설계를 바탕으로 지어졌으며 네오 고딕 양식의 고풍스러운 외관이 인상적임
- 첫 개관 당시에는 소장품이 200여 점밖에 없었으나 현재 약 8,000점 가량의 방대한 작품들이 전시되어 있으며 12~16세기의 중세 작품과 이탈리아 르네상스 작품, 고흐와 고야를 포함한 18~19세기 작품이 전시되어 있음

• 암스테르담 국립 미술관 전경

■ 미술관의 대표작은 네덜란드 17세기 회화의 거장이라 불리는 렘브란트의 〈야간 순찰(The Night Watch)〉로 미술관의 중앙 홀에 이 작품 하나만 전시되어 있음

• 렘브란트, 〈야간 순찰〉

• 세계에서 가장 아름다운 도서관 중 하나로 꼽히는 암스테르담 국립 미술관 도서관

4. 반 고흐 미술관
반 고흐의 작품을 가장 많이 소장하고 있는 미술관

- Van Gogh Museum. 빈센트 반 고흐(Vincent Van Gogh)의 작품을 가장 많이 소장하고 있는 미술관으로 네덜란드 정부의 주도로 빈센트 반 고흐 재단이 창립되어 설립함
- 1962년부터 고흐의 작품을 모아 1973년에 헤릿 릿벨트(Gerrit Rietveld)가 설계하여 개관했으며 이후 키쇼 쿠로카와(Kisho Kurokawa)가 1999년에 전시관을 완공함
- 새로운 홀은 $650m^2$ 넓이의 푸른 유리가 구부러져 있는 형태를 지니고 있으며 2015년 9월 5일 개관함
- 대부분의 작품은 반 고흐가 아끼던 동생 테오도르 반 고흐(Theodor van Gogh)가 소장했던 미술품이며 그의 사후 아들인 빈센트 빌렘 반 고흐가 반 고흐 미술관의 개관 이후 작품을 기증함
- 회화 200점, 데생 500여 점 등 총 700점가량의 작품을 기증했으며 이 중 대표적인 작품은 〈감자 먹는 사람들〉, 〈침실〉, 〈해바라기〉 등
- 소장품들은 반 고흐의 생애 시기별로 전시되어 있음
- 2023년 한 해 200만 명 이상의 방문객이 찾았으며 전 세계 주요 도시에서 디지털 전시를 포함한 다양한 프로그램으로 순회 전시회를 개최함

4. 반 고흐 미술관

• 반 고흐 미술관 전경

• 감자 먹는 사람들, 1885년, 캔버스에 유채, 82×114cm

❹ 암스테르담의 주요 명소

• 반고흐의 작품 〈해바라기〉를 보는 관객들

• 반고흐 미술관 내부 로비

5. 모코 미술관
전통과 조화를 이룬 현대 미술관

- 모코(MOCO) 미술관은 'Museum of Contemporary'의 준말이며 네덜란드 암스테르담의 박물관 광장에 위치한 현대 미술관으로 현대 미술과 스트리트 아트에 열정을 가지고 있는 로렌초와 킴(Lorenzo and Kim)이 설립했으며 2016년 4월에 개관하여 현대 미술과 스트리트 아트, 팝 아트 등 다양한 예술 장소를 소개하는 공간임
- 모코 미술관은 역사적인 건물인 '필라 알스베르흐(Villa Alsberg)'를 개조한 건물을 사용하고 있으며 유명 건축가인 에뒤아르트 카위퍼르스(Eduard Cuypers)가 설계하여 1904년에 건축된 이 저택은 네덜란드의 역사적 건축 양식을 잘 보존하고 있음
- 모코 미술관에서는 뱅크시(Banksy), 데미안 허스트(Damien Hirst), 앤디 워홀(Andy Warhol), 로이 리히텐슈타인(Roy Lichtenstein)의 작품과 함께 NFT 아트 등 디지털 아트 및 인터렉티브 전시를 하고 있음

❹ 암스테르담의 주요 명소

• 모코 미술관 외관

• 모코 미술관 전시실

6. 안네 프랑크의 집
전쟁의 참상을 느낄 수 있는 안네 프랑크의 생활 공간

- Anne Frankhuis. 〈안네의 일기〉로 유명한 유대인 안네 프랑크가 1942년부터 1944년까지 숨어서 살던 집
- 안네가 숨어서 지내던 다락방, 일기, 사진 등 다양한 흔적들이 그대로 보존되어 있으며 현재 안네 프랑크 재단이 관리 운영 중에 있음
- 안네와 관련된 자료뿐 아니라 나치의 잔혹성을 보여 주는 자료와 사진들도 전시되고 있음
- 제2차 세계대전 당시 네덜란드는 중립을 선언했으나 1940년 5월 10일 독일군이 네덜란드를 침공하고 14일 네덜란드 전역을 점령함
- 이후 안네 프랑크의 집에서는 프랑크 일가, 동료 페르스 부부 일가, 치과의사 뒤셀로 등 총 8명의 공동체 생활이 이루어짐
- 안네 프랑크는 1944년 게슈타포에게 발견되어 유대인 강제 수용소에 보내짐
- 건물이 실제로 지어진 것은 1635년이지만 1960년에 정비하여 '안네 프랑크의 집'으로 개관하여 일반에 공개함

❹ 암스테르담의 주요 명소

• 안네 프랑크의 집*

암스테르담의 주요 명소

7. 렘브란트의 집
렘브란트의 생활 공간을 박물관으로

- Museum Het Rembrandthuis. 네덜란드의 대표 화가 렘브란트가 1639년부터 1660년까지 살았던 집으로 1908년부터 리모델링을 통하여 1911년 이후 일반인들에게 박물관으로 공개되었음
- 렘브란트의 회화 작품은 많지 않지만 에칭 작품들과 작업 현장을 실제로 볼 수 있는 점이 가장 큰 특징
- 5층 구조로 되어 있는 주택으로 이 집을 구입하기 위하여 렘브란트는 빚을 지게 되었고 결국 이 빚으로 인하여 1656년 파산 선고를 받게 되어 주택을 팔게 됨
- 파산 선고를 받을 때쯤 렘브란트는 종교적인 색채를 띤 작품과 빛을 이용한 그림을 그렸는데 현재 명작으로 평가받는 작품들이 당시 사람들에게는 혹평을 받음
- 당시의 에칭화 작업 및 물감 체험을 할 수 있으며 전체적으로 렘브란트의 작품뿐 아니라 당시 렘브란트가 수집한 소장품들을 볼 수 있음

• 렘브란트의 집 내부

출처: 플리커 – Ana Paula Hirama

7. 렘브란트의 집

• 렘브란트의 집 전경

8. 암스테르담 중앙역
네덜란드 최대 규모의 철도역

- Amsterdam Central Station. 암스테르담 중앙에 위치하고 있으며 1889년 지어진 빨간 벽돌 건물로 국립 미술관을 디자인한 피에르 카위퍼르스(Pierre Cuypers)가 설계한 건물
- 하루에 5~6개선의 국제열차를 운행하고 있으며 지하철과 트램도 운영함
- 중앙역 앞으로 바로 운하가 흐르는 것이 특징
- 매일 25만 명 이상의 사람들이 이용하고 있으며 중앙역 앞에 공영 교통인 GVB 티켓 오피스가 있는데 이곳에서 트램, 버스, 지하철 등 대중 교통 수단의 정기권을 발급받을 수 있음
- 네덜란드에서 2번째로 긴 철도 플랫폼을 가지고 있으며 역 뒤에 에이 레이크 사이드(Ij-zijde; Ij Lake Side)가 추가되었음

8. 암스테르담 중앙역

• 암스테르담 중앙역 전경

• 암스테르담 중앙역 정거장

출처: pixnio – Iwan Gabovitch

❹ 암스테르담의 주요 명소

• 암스테르담 중앙역에 적혀 있는 'AMSTERDAM'

9. 블로멘마크트
암스테르담 화훼의 중심

- Blomenmarkt. 1862년에 설립되었으며 운하에 꽃을 싣고 팔았던 데서 유래하여 도시의 남쪽 운하 부근에 꽃 시장을 이룸
- 싱얼 운하를 따라 문트탑에서 코닝크스 광장까지 이어져 있으며 튤립, 백합, 선인장 등 다양한 종류의 생화뿐 아니라 튤립 씨, 구근 등도 팔고 있음
- 특히 꽃가게마다 씨가 아닌 식물의 알뿌리를 파는 것이 인상적이며 알뿌리의 생김새는 비슷하게 생겼으나 실제로 피는 꽃은 다르기 때문에 사진을 보고 잘 골라야 함. 다만 씨, 구근 등은 비행기를 통해 국내 반입이 불가능함
- 꽃뿐만 아니라 네덜란드 전통 나막신 '클롬펀'을 팔기도 하는데 이는 운하가 가까이 있고 땅이 낮아 늘 습기진 발을 따뜻하게 유지하기 위한 신발

• 블로멘마크트(싱얼 꽃시장) 전경

❹ 암스테르담의 주요 명소

• 블로멘마크트 내부

• 블로멘마크트 상점 내부

10. 베잉코르프 백화점
암스테르담 럭셔리 백화점

- De Bijenkorf. 현재 담 광장 근처에 위치하고 있는 백화점이며 1870년 잡화점이 시초
- 네덜란드 전체에 7개의 지점이 있으며 5개 층으로 이루어져 있고 5층에는 다양한 메뉴가 구비되어 있는 식당가가 위치함
- 2010년 140주년 기념으로 140명의 아티스트들과 다양한 콜라보 제품들을 출시
- 백화점의 4가지 비전은 '고객 지향', '세련됨', '프리미엄', '영감의', '모든 사람들이 놀라워하며 창의적인 인상을 받는 백화점'
- 총 직원 수 3,000명 이상이며 친환경을 모토로 삼아 포장 박스 및 봉투는 모두 친환경 인증을 받음
- 최고급 브랜드부터 아이들 장난감까지 다양한 범위의 제품들을 접할 수 있음

암스테르담의 주요 명소

• 베잉코르프 백화점 외부

• 베잉코르프 백화점 내부*

10. 베잉코르프 백화점

• 베잉코르프 백화점 전시품

출처: 플리커 – bertknot

암스테르담의 주요 명소

11. W 호텔
담 광장 근처에 있는 고풍스러운 느낌의 호텔

- W Hotel. 담 스퀘어의 왕궁 바로 뒤에 위치하며 23개의 스위트룸, 3개의 'WOW 스위트룸', '익스트림 WOW 스위트룸' 2개를 포함하여 238개 객실을 보유하고 있음
- 호텔의 24/7 서비스인 '무엇이든/언제든지(Whatever/Whenever)'를 통하여 합법적인 범위 안에서 고객들이 원하는 서비스를 제공하고 있음

• W 호텔 외관

11. W 호텔

• W 호텔 내부

• W 호텔 야외 테라스 수영장

12. 하를레머르 치즈 전문점

최고의 치즈 전문점

- Kaasland Haarlemmerdijk. 네덜란드는 세계 2위의 농축산물 수출 국가로 해수면이 육지보다 높다는 환경적 제약 때문에 농축산업에 투자하여 세계 최고의 기술을 보유하고 있음. 1년에 생산되는 치즈의 70% 이상이 외국으로 수출될 정도로 치즈는 네덜란드에서 중요한 경제적 역할을 담당하고 있음
- 대표적 치즈로 고다 지방에서 생산되는 고다 치즈와 에담 항구에서 만들어지는 에담 치즈, 트러플 치즈(송이 버섯)가 유명함
- 30년 이상 운영하고 있는 치즈 전문점으로 치즈뿐만 아니라 치즈와 어울리는 빵과 샌드위치 등을 판매하고 있음
- 월, 목, 금요일은 오전 8시부터 오후 8시, 화, 수요일은 오전 8시부터 오후 6시 30분, 토요일은 오후 6시, 일요일은 오전 9시 30분부터 오후 7시까지 운영함

• 진열되어 있는 치즈들

12. 하를레머르 치즈 전문점

• 하를레머르 치즈 전문점 외관

• 가게 내부의 치즈 전열장

13. 팬케이크 베이커리
과거의 동인도회사 창고에 위치한 팬케이크 전문점

- The Pancake Bakery. 17세기 네덜란드 동인도회사가 소유했던 창고에 위치한 팬케이크 전문점
- 1973년 오픈했으며 오픈키친이 특징. 세계 각지의 다양한 음식 재료를 이용하여 만듦
- 일반적으로 층층이 쌓아 올린 팬케이크가 아니라 우리나라의 전과 비슷한 형식으로 생긴 것이 특징

• 팬케이크 베이커리 외관

13. 팬케이크 베이커리

• 팬케이크와 커피

14. 폰덜 파크
암스테르담에서 가장 큰 공원

- Vondel Park. 암스테르담 내에서 가장 규모가 큰 공원. 1865년에 뉴(Nieuwe) 파크라는 이름으로 개장했다가 17세기 극작가인 요스트 판 던 폰덜(Joost van den Vondel)을 기리는 의미로 폰덜 파크로 명명됨
- 최초 개장 당시에는 8ha의 면적이었으나 1877년 공원 확장을 위해 기금을 조성하여 현재는 45ha의 넓이에 달함
- 매년 1,000만 명의 사람들이 찾으며, 날씨 좋은 날이면 많은 암스테르담의 주민들이 공원을 찾음
- 공원은 지속적으로 실제 지반이 낮아지기 때문에 매 30년마다 지반 보충 작업을 수행하고 있으며 공원에는 150년 동안 다양한 식물과 동물들이 보금자리를 만들어 놓았음
- 폰덜 파크 근처에는 국립박물관과 중앙역을 디자인한 피에르 퀴퍼스가 설계한 집들을 볼 수 있음
- 폰덜 파크 내에서는 다양한 행사들이 진행 중이며 영화 박물관, 야외 극장 등 다양한 부대시설이 존재함

14. 폰덜 파크

• 폰덜 파크 내부*

• 폰덜 파크에서 휴식을 취하는 시민들*

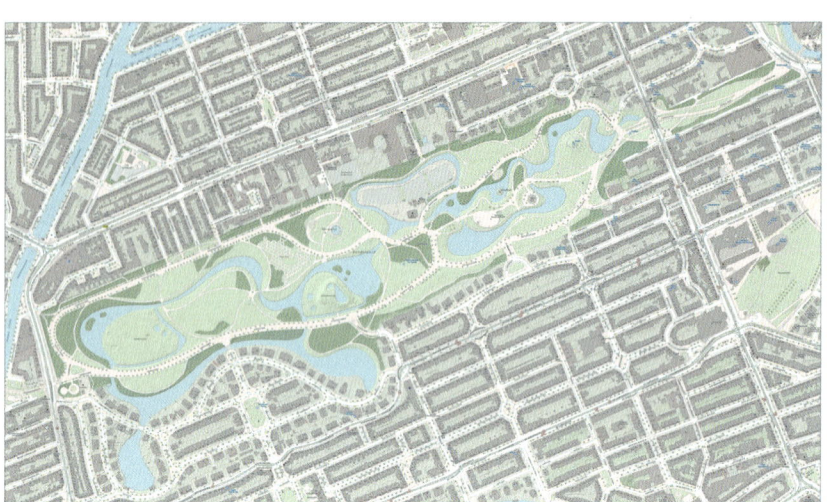

• 폰덜 파크 지형도*

15. 잔세 스칸스 풍차 마을
과거의 모습을 그대로 간직한 야외 박물관

- Zaanse Schans. 암스테르담 북쪽에 위치한 잔세스칸스는 네덜란드의 전통적인 풍차 마을로 전통적인 건축 양식과 역사적인 풍차, 과거의 풍경을 보존하고 있는 관광 명소이며 특히 17세기와 18세기의 전통적인 목조 건물과 여전히 운영 중인 풍차들로 유명함
- 전통적인 풍차들 중 몇몇 풍차는 여전히 운영되고 있으며 관광객들은 풍차 내부를 관람하며 풍차가 실제로 어떻게 작동하는지 알아볼 수 있고 당시 제분, 염료 제조, 오일 추출 등 다양한 산업에 사용되었던 풍차의 기술적 중요성을 알 수 있음
- 산책로를 통해 과거의 모습을 그대로 보존하고 있는 아름다운 풍경을 감상할 수 있으며 마을 곳곳에 설치된 전통적인 수로와 다리들은 잔세 스칸스의 매력을 더욱 돋보이게 함
- 잔세 스칸스에서는 전통적인 공방과 상점, 구두 제작이나 치즈 제조, 목재 작업 등 네덜란드의 전통 산업을 체험해 볼 수 있음

• 잔세 스칸스 풍경*

암스테르담의 주요 명소

16. 자전거 주차장
네덜란드인들의 자전거 사랑

- 네덜란드 전체 국민은 연간 150억km를 자전거로 이동하며 전체 네덜란드 자전거 수는 2,200만 대로 총 인구 1,700만 명보다 약 500만 대가 많음
- LF(Landelijke Fietsroutes)라는 자전거 전용도로가 네덜란드 전국에 4,500km 설치되어 있으며 도시, 해안 등에 따른 각각의 테마 루트가 있음
- 자전거 보관대의 경우에도 품질 마크가 별도로 있을 정도로 엄격한 시스템을 갖추고 있으며 특히 2단 자전거 보관대는 각 주요 역사에서 발견할 수 있음

• 암스테르담 주택 골목 자전거 주차장

• 주차되어 있는 자전거

• 자전거를 찾으러 가는 사람들

도시의 얼굴 - 암스테르담·로테르담

5

로테르담의
도시 재생 및 개발 정책과 현황

1. 로테르담 개황

1) 개요

면적	319.4km² (네덜란드 총면적의 1%)
인구	65만 명(2023년 기준)
위치 (네덜란드 자위트홀란트 주)	
기후	온화한 해양성 기후

- 로테르담 행정구역

번호	행정구역
1	훅 반 홀란트(Hoek Van Holland)
2	로젠뷔르흐(Rozenburg)
3	호흐블릿(Hoogvliet)
4	페르니스(Pernis)
5	오버르스히(Overschie)
6	델프세하번(Delfsehaven)
7	샤를로이스(Charlois)
8	힐레헤르베르흐-스히브룩(Hillegersberg-Schiebroek)
9	노르트(Noord)
10	센트륌(Centrum)
11	페이예 노르트(Feijenoord)
12	크랄링언-크로스베이크(Kralingen-Crooswijk)
13	프린스-알렉산더르(Prins-Alexander)
14	에이설몬더(Ijsselmonde)

- 경제 개황
  - 2023년 기준 로테르담 GDP는 1,232억 달러
  - 로테르담은 네덜란드 제2의 도시로 유럽 최대의 무역항이며, EEC의 관문 역할을 함
  - 에너지, 물류, 무역, 경영·서비스, 헬스 케어 산업에 강세를 보이고 있으며, 특히 로테르담 항구를 이용하여 각종 서유럽 국가와의 지리적 특징을 잘 살리고 있음

2) 로테르담 주요 산업

- 에너지 산업
  - 네덜란드 전체 직업의 13.1%, 로테르담 내 10% 비중의 산업
  - 로테르담시 경제 성장의 주축을 담당하고 있으며 EON, BP, Exxon 등 다국적 기업이 거주하고 있음
- 물류 산업
  - 유럽 최대의 항구로 완성도 높은 인프라를 구축하고 있으며 독일, 프랑스, 벨기에 등 다양한 서유럽 국가에 대한 접근성이 매우 좋음
  - 수출자의 재무적 부담을 없애는 조세 제도가 있으며 스키폴 국제공항과 지리적으로 가깝다는 것이 큰 이점으로 작용함
  - 약 6만 5,000명 이상의 종사자가 있으며 ING, Loyens & Loeff 등의 다국적 기업이 있음
- 무역업
  - 네덜란드 전체의 15.9%, 로테르담 내 산업 비중 15.5%를 차지하고 있음
  - 로테르담 취업률의 많은 부분을 차지하며 Unliever, Hagemeyer 등 다국적 기업이 다수 존재함
- 경영 서비스업
  - 네덜란드 전체 17.4%, 로테르담 내 20.3% 비중을 차지하며 사업 활동 공간의 발전 및 관리가 주요 포인트

- 상업 활동의 발전 기능을 가지고 있음
- ■ 헬스 케어
- 약 3만 2,000명 이상의 산업 종사자가 산재해 있으며 특히 에라스뮈스 대학의 메디컬 센터가 1만 2,000명 이상의 종사자 및 하이테크 기술 연구소를 보유하고 있음
- 정부, 지역사회, 사업 커뮤니티의 연결점이 강함
- ■ 기타 특징
- 높은 교육 수준을 지니고 있으며 지역별 산업 및 지식 산업 교류가 활발함
- 수준 높은 인재 풀을 형성하여 국내 및 해외의 인재를 적극적으로 영입하고 친환경 지속가능 발전 프로그램을 권장함

3) 로테르담 주요 교통편

- ■ 공항
- 로테르담~헤이그 공항 존재, 네덜란드 내 가장 큰 공항
- 스키폴 공항과 아인트호벤 공항이 도시 북쪽 끝에 위치
- 공항 면적은 1,065만m^2, 활주로 4,000m×60m, 2,500m×60m 2개소
- ■ 기차
- 로테르담 중앙역은 2014년 3월에 오픈하여 하루 최대 32만 명의 승객을 감당할 수 있도록 설계됨
- 네덜란드 내에서 가장 잘 연결된 철도 네트워크의 중심지
- 동서남북 4방향으로 이어진 국제 열차 노선을 통하여, 네덜란드 국내는 물론, 프랑스, 벨기에 등 다양한 유럽 국가로 이동 가능

4) 로테르담 도시 주요 특성

- ■ 국제금융업무, 산업, 물류의 도시
- ■ 현대 건축의 경연장, 파괴된 도시의 실험으로 살아난 도시
- ■ 공공 영역의 디자인 본거지

- 176개 국적의 국제화된 도시(인구 중 40%는 외국인)
- 로테르담 사람들에게는 '로테르담이 돈을 벌면 암스테르담이 쓴다'는 농담이 있음
- 약속 시간과 신용, 해운업에 대한 자부심 - 로테르담 아워(Rotterdam Hour). 유럽 물류의 중심지라는 의미에서 그들의 물류시설을 EDC(European Distribution Center)라고 함

5) 로테르담 약사

연도	역사 내용
1270	로테(Rotte)강에 댐을 건설함
1328	라틴 학교가 건축됨
1340	도시 지위를 얻음
1572	스페인의 통치를 받음
1574	로테르담 해군이 창설됨
1622	에라스무스 주가 건립됨
1781	로테르담 아카데미 건립
1795	프랑스 점령 이후 무역이 중단됨
1813	요한 프랑수아 판 호헨도르프 판 헤이스베이크(Johan Francois van Hogendorp van Heeswijk)가 시장으로 당선됨
1863	로테르담 은행이 설립됨
1872	뉴 워터웨이(New Waterway)의 완성으로 인구와 경제의 폭발적 성장
1877	철도교, 로테르담 자위트(Rotterdam Zuid) 철도역 및 로테르담 역 개통
1905	트램 개통
1930	로테르담 필하모니 오케스트라, 로테르담 음악원이 설립됨
1940	제2차 세계대전 당시 독일군의 폭격으로 도시의 3분의 1이 파괴됨
1946	로테르담 재건축 계획안(Plan for the Reconstruction of Rotterdam) 채택
1960	네덜란드 원예 박람회 개최 및 유로마스트 타워 건축
1986	로테르담 항구가 '세계에서 가장 바쁜 항구'로 당선됨
1997	마마 프로젝트(MAMA)가 설립됨
2001	EU에서 로테르담을 유럽의 문화 중심지로 선정함
2020	로테르담 재건축 75주년을 맞이함
2021	유로비전 송 콘테스트(Eurovision Song Contest) 개최

2. 로테르담 도시 재생

1) 로테르담의 도시 개발 역사

- ■ 로테르담은 파괴된 도시를 재건하는 방법으로 신규 건설을 택함
  - 살아남은 건물이 별로 없는 폐허를 가장 현대적이면서도 혁신적인 건물로 채움
  - 전후 로테르담은 도시 전체가 공사장화됨
  - 창조와 실험은 지금도 진행 중
  - 로테르담은 현대 건축의 경연장
- ■ 제2차 세계대전 이후
  - 1940년 5월 14일 폭격으로 로테르담의 건축물 약 2만 4,000개 이상이 파괴됨
  - 1940년 5월 18일 도시 건축가 비테벤(Witteveen)이 건축 계획을 의뢰받았으며 대략적인 도시 재건 및 기존의 문제점을 해결하기 위한 윤곽을 세움
  - 1943년 연합국의 폭격으로 인해 2,600채 이상의 주택이 파괴되었음
  - 1946년 제2차 세계대전 종료 이후 로테르담 시의회가 코르넬리스 판 트라(Cornelis van Traa)의 계획을 기본으로 채택함
  - 살아남은 건물이 별로 없는 폐허를 가장 현대적이면서 혁신적인 건물로 채움
  - 전후 로테르담은 도시 전체가 공사장화되었으며 현대건축의 경연장이 됨
- ■ 현대 건축의 경연장
  - 역사적 유적지 및 건축물을 간직한 타 유럽 도시와 달리 로테르담은 네덜란드의 건축 수도로 불릴 정도로 현대적 건축물이 많음
  - 건축을 관광 자원으로 활용하여 자전거, 도보, 유람선 등 여러 방식의 다양한 건축 프로그램을 운영 중
  - 로테르담 건축의 시작은 로테르담의 랜드마크인 에라스무스 다리에서 출발했으며 1990년대 개발이 시작된 후 다양한 유명 건축물 등장
  - 시청이 있는 도심 주변에도 저마다 개성을 자랑하는 흥미로운 건축물이 많음. '레드 애플 아파트', '빌렘베르프 빌딩' 등이 있으며 그 중에서 1984년 건

립된 '큐브 하우스'가 가장 눈에 띔
- ■ 2000년대 이후
- 2001년 유럽연합에서 로테르담을 유럽 문화의 중심지로 선정함
- 로테르담 박물관의 밤(Rotterdam Museum Night)를 처음 개최했으며 다양한 문화 기관이 개장함과 동시에 16만 명 이상의 관람객이 찾음
- 2007년 건축도시로 선포되었으며 대규모 간척사업인 마스블락테(Maasvlakte) 2호 계획이 승인됨
- 2014년 로테르담 중앙역을 새롭게 개장함

2) 로테르담의 도시 발전 계획 내용

- ■ 과거 로테르담은 급격한 인구 감소 및 실업자 증가, 노동 집약적 제조업의 침체 및 산업 구조의 획일성, 낙후 및 저급 공공 임대주택의 집중화 등으로 인하여 도시가 급격하게 침체되었음
- ■ 로테르담의 도시 발전 계획에 따라 도시 경제의 발전과 고용 확대에 중점을 둠
- ■ 로테르담 회복 전략(Rotterdam Resilience Strategy)에서 7가지 질적 목표를 제시함

① 로테르담: 균형 잡힌 사회(Rotterdam: A Balanced Society)
- 21세기의 생활과 업무에 맞는 기술 및 교육을 아이들에게 제공함
- 로테르담 시민들 개개인의 건강을 신경 쓰고 2016년 공공 보건에 관한 정책 문서를 출시

② 친환경 건설을 통한 세계 항구 도시(World Port City Built on Clean and Reliable Energy)
- 청정 에너지의 선두 주자가 되기 위하여 에너지 인프라 유연화에 투자 중
- 효율 및 지속가능한 에너지를 이용한 항구 도시로 거듭나고자 함

③ 로테르담 사이버 항구 도시(Rotterdam Cyber Port City)
- 새로운 투자와 사업을 위하여 로테르담을 사이버 환경을 포함한 도시로 복원하고자 함

- 연간 27%의 비중으로 사이버 투자를 늘리고 있으며 보안과 관련된 문제 또한 MS와의 협력을 통하여 다양한 방면의 구성요소를 통해 강화

④ 새로운 수준에서의 기후 적응형 로테르담(Climate Adaptive Rotterdam to a New Level)
- 로테르담 시민들이 참여하여 만든 녹지 및 용수 저장소 등이 있음
- 홍수 위험에 대한 대비 및 기후 복원 전략을 세우고 있음

⑤ 21세기를 위한 인프라 준비(Infrastructure ready for the 21st Century)
- 로테르담의 지하 인프라는 잘 갖추어져 있지만 비상사태에 대한 유연성이 부족하기 때문에 이를 보완하고자 함
- 도시 내 다양한 인프라 관리자들과의 협력을 강화함과 동시에 계획, 지식 및 정보를 공유할 수 있는 플랫폼 제공

⑥ 네트워크 도시 로테르담(Rotterdam Networkcity)
- 거주자, 공공 및 기업, 지식 기관 등이 도시의 복원에 관하여 결정함
- 커뮤니티와 공기관, 시장 등 다양한 방면의 이해관계자들이 경제, 사회, 도시 등의 문제와 해결 방안에 관하여 논의함

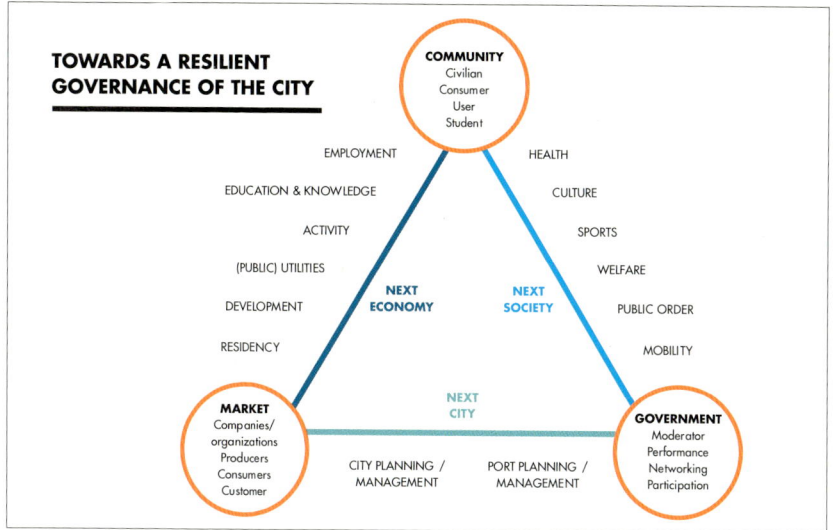

• 도시 복원에 대한 각 관계자 구성도

출처: Rotterdam Resilience Strategy

⑦ 도시의 앵커링 복원(Anchoring Resilience in the City)
  - '빌딩', '지역구', '도시', '광역권', '국가', '유럽', '전 세계'라는 7가지 복원 에 대하여 파일럿 규모를 정함
  - 건축, 도시 설계 및 사회 문제 해결에 중점을 둔 국제적 행사인 로테르담 국제 건축 비엔날레(IABR)를 개최하고 있는데 2024년에는 생태학적 환경에 기반을 둔 도시 복원에 대해 논의가 진행됨

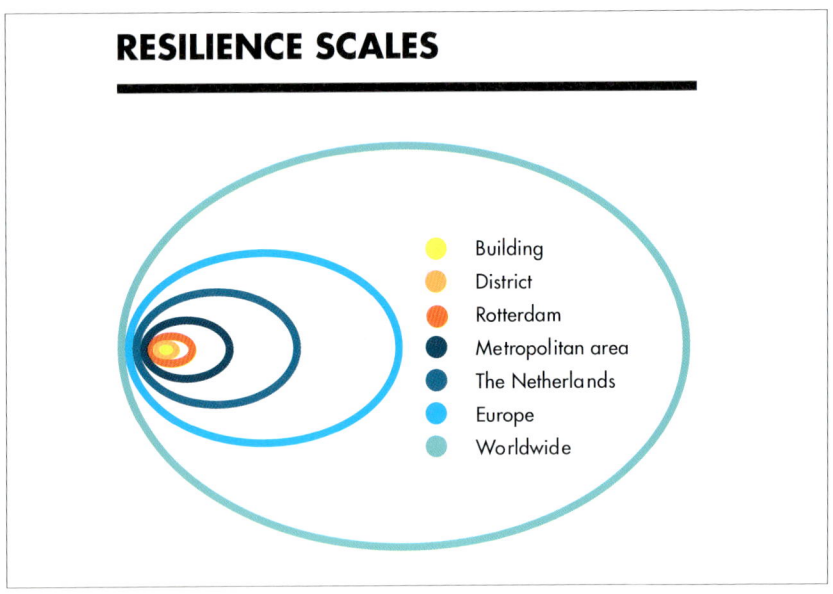

• 복원 규모의 7가지 설정   출처: Rotterdam Resilience Strategy

3) 포트 비전(Port Vision) 2030 수립

- 로테르담 항의 주요 개발 지역을 설정하고 미래에 요구되는 공간적·경제적 개발을 위한 체계를 제공하는 계획을 세움
  - 1993년부터 항만과 산업 단지의 확장으로 2010년경에는 심각한 공간 부족을 예견했던 포트 비전 2010의 연속선상에 있음
  - 포트 비전 2030에 의거하여 향후 15년간 도시 확장을 계획함

■ 포트 비전 2030의 세 가지 목표
① 항만과 산업단지의 국제경쟁력 강화
② 도시와 지역의 경제 구조 강화
③ 지역의 정주 환경 향상
■ 포트 비전 2030을 위한 실현 방법
① 글로벌 허브(For the Global Hub)
  - 로테르담 허브 기능의 확장 및 수용량 증가
  - 내륙 지방의 다중 양식 수송 분기점을 이용하여 연결성 개선
  - 물류 체인의 효율성 확대
  - 정보 흐름의 향상 및 개선
  - 물류 체인의 최소화
  - 프리미엄 항구 활동 유치
② 유럽의 산업 클러스터
  - 앤트워프(Antwerp), 모에르디크(Moerijk), 테르뉴젠(Terneuzen) 등에 산업 분야의 연결 및 확장
  - 재생 가능 에너지 및 자원의 비율 증가
  - 이산화탄소 저장 및 수송을 통하여 이산화탄소 배출량 거래를 위한 시설 건립
  - 생물 화학의 발전 및 생산 능력 갱신

4) 도시 정부 주도형 사업
■ 대표적으로 콥 판 자위트(Kop van Zuid) 사업이 있으며 이는 도시의 경제적 침체 및 쇠퇴를 해소하기 위하여 발표됨
■ 기존 항만 시설과 산업단지의 수변 지역을 고급화된 대규모 도시 개발 사업으로 추진하면서 도시 정부의 강한 리더십을 앞세워 실행됨
■ 첫 계획 당시에는 고급화 전략의 선택으로 인하여 저소득 계층뿐 아니라 다양한 이해관계자들의 비판과 사회적 통합의 결여에 대한 부작용 우려가 발

생함
- 로테르담은 북과 남으로 양분되어 있었으며 북쪽은 도시 중심부로 다양한 경제 기능이 가능했던 반면 남쪽은 일반 노동 계급층 및 저소득층이 집중되어 있었음
- 그 사이에 콥 판 자위트를 건설하여 도시의 양극화를 최소화시키고자 했으며 에라스무스 다리의 건설을 통해 도시의 통합을 야기함
- 도시 정부의 리더십이 있었지만 이면에는 민관 협력의 구조와 다양한 이해관계자들의 모임을 통하여 실제 사업을 실행했으며 민간 투자 및 민간 개발 업체의 참여를 장려했음

로테르담 주요 랜드마크 및 명소

- 큐브 하우스 / Cube House
- 빌렘스베르프 / Willemswerf
- 코닝이네브뤼흐 / Koninginnebrug
- 마르크트할 / Markthal
- 티메르하위스 / Timmerhuis
- 레드 애플 / Red Apple
- 콥 판 자위트 / Kop van Zuid
- 더 로테르담 / The Rotterdam
- 더 흐루너 카프 / De Groene Kaap
- 에라스무스 다리 / Erasmusbrug
- 페닉스 푸드 팩토리 / Fenix Food Factory
- 뤼흐칭얼 다리 / Luchtsingel Bridge
- 레인반 / Lijnbaan
- HNI / Nieuwe Instituut
- 더 폿 보이만스 판 뵈닝언 미술관 수장고 / De Pot Boijmans Van Beuningen
- 헷 파크 / Het Park
- 스하우뷔르흐플레인 광장 / Schouwburgplein
- 로테르담 중앙역 / Rotterdam Centraal Station
- 유로마스트 / Euromast
- 리틀 C, 콜하번 / Little C, Coolhaven
- 마스 터널 / Maastunnel

도시의 얼굴 - 암스테르담·로테르담

6

로테르담의 주요 랜드마크

로테르담의 주요 랜드마크

1. 마르크트할
재래시장의 주상복합 재생, 로테르담의 아이콘

1. 프로젝트 개요

- Markthal(Market hall), 라우렌스에 위치한 재래시장과 거주 단지가 결합된 복합 건물, 거대한 아치형의 형상이 대표적이며, 유리 안은 약 4,000개의 애니메이션 패널로 장식함
- 기존에는 낙후된 지역으로 마약 소굴 및 불량배들의 근거지였으나 MVRDV가 마르크트할을 건설하면서 유동 인구와 경제 성장의 선순환을 보인 대표적인 지역 경제 활성화 사례
  - 면적 10만m², 높이 40m 규모의 시장과 레스토랑, 아파트로 이루어진 복합 건물, 2014년 개장 이후 꾸준히 월 100만 명 이상의 관광객들이 방문함(공사비 약 2,625억 원, 2014년 10월 오픈)
- 총 11층(지하 4층 포함)이며 1.5m 길이의 4,000개의 패널에는 과일, 씨앗, 어류, 꽃 및 곤충 형태가 디자인되어 있음
- 총 228세대, 4,000개의 소매 매점 및 식당이 있고 광장 앞에서는 5일장이 열림

1. 마르크트할

• 측면에서의 마르크트할 외관

• 실내의 마르크트할

❻ 로테르담의 주요 랜드마크

• 마르크트할 내부

• 내부 천장 벽화

1. 마르크트할

• 마르크트할 내 매장

구분	내용
위치	Verlengde Nieuwstraat, 3011 GA Rotterdam
시행 면적	1,800m^2
시행사	Provast(MVRDV 설계)
추진 일정	2004~2014년
용도	과거 경쟁력을 잃은 시장의 리모델링 및 복합 단지 건설
특징	- 2014년 오픈했으며, 아치형의 유리 건물이 특징 - 전통시장의 리모델링과 아파트의 복합 건물 역할을 하고 있으며, 2018년까지 15개의 건축 디자인 상 수상 - 모두 228세대의 아파트 가운데 절반은 임대 아파트

2. 개발 경과

■ '거주, 주차, 시장'이라는 계획하에 지역 경제와 지역 인구의 동반 성장을 담

- 아 낼 수 있는 아이디어를 받기 시작함
- 다양한 종류의 식료품을 판매하는 96개 가판대를 갖춘 시장을 외부 기후 조건으로부터 보호하고 개방 장소에서의 식품 판매 금지를 강화하는 디자인 선택
- 2004년까지 마르크트할이 있던 장소에 2곳의 학교가 있었으나 공사 시작 이후 학교 이전
- 2014년 10월 1일 맥시마(Maxima) 여왕에 의해 개장했으며 지상 복합 센터로 228채의 아파트와 4,600개의 소매점이 있음. '거주, 주차, 시장'이라는 키워드답게 2곳의 거주 지역 사이에 시장을 건설함으로써, 로테르담 마르크트할만의 독특한 아이덴티티를 형성함

3. 개발 내용

- 기존의 유럽 마르크트할들은 도시 구석에 있거나 어두운 분위기였으나, MVRDV는 경제적인 측면에서 건설 가능한 두 개의 거주용 '건물 사이에 있는 시장'이라는 콘셉트를 통해 건물 디자인 설계
- 식품에 관련된 법안 강화
  - 유럽 내 야외에서 신선식품 및 냉장식품 판매 금지 법안 제정
  - 북해의 비, 바람을 막을 수 있는 구조 필요
  - 이를 통하여 아치형의 테니스 라켓처럼 생긴 유리벽 사이에 강철 케이블을 사용하여 외부 환경 차단과 동시에 개방적인 구조 설계
- 유적 발굴 및 보존
  - 14세기에 매장된 마을 위에 지어졌으며, 건설 당시 10m 높이의 농장 유적이 지하 7m 지점에서 발견됨
  - 유적지에서는 2개의 스토브와 몇 개의 벽난로가 발견되었으며, 마르크트할 건설 이후 중앙 계단 옆에 전시되어 있음

- 삽화
- 건물 안쪽에는 아르노 쿠넌(Arno Coenen)의 1만 1,000m² 작품이 장식되어 있으며, 호른 데스 오버르블루츠(Hoorn des Overvloeds, Horn of Plenty)라는 이름으로 과일, 야채, 씨앗, 물고기 등이 크게 자라는 모습을 형상화함

4. 개발 주체

- MVRDV는 1993년 비니 마스(Winy Maas), 야코프 판 레이스(Jacob van Rijs), 나탈리 더 프리스(Nathalie de Vries)에 의해 설립되었으며, 현대의 건축을 통하여 도시 문제의 해결 방안을 통하여 주목받는 설계회사(서울역 앞 서울로 7017 설계)

5. 지구 재생의 특징과 효과

- 전쟁 전의 중심가 재생
- 더 로렌스 쿼터(The Laurens Quarter)는 전쟁 전의 중심가였으나, 전쟁 이후 폐허가 되었으며, 이후 중심가의 기능을 상실했음. 그러나 마르크트할의 등장으로 새로운 중심지로서의 역할을 함
- 재생 사업의 효과
- 합리적인 계획: 유럽 내 발의된 법안과 환경적인 특색, '거주, 시장, 주차'의 3가지 문제를 합리적으로 해결함
- 전통 유지: 과거의 유물들을 마르크트할 중앙 계단에 위치시킨 데서 전통에 대한 예의와 유지를 볼 수 있음
- 꼭 찾아 봐야 할 관광지: 2014년 개장 이후, 매월 약 100만 명 관광객들이 독특한 디자인의 마르크트할을 방문하여 지역 경제의 활성화가 이루어짐

로테르담의 주요 랜드마크

2. 로테르담 중앙역
유럽 대륙 운송 네트워크의 허브 재생

1. 프로젝트 개요

- Rotterdam Central Station. 내륙 도심의 중앙에 위치, 2014년 신-중앙철도역사 개관 전까지는 로테르담의 다른 철도역들과 몇 개의 노선을 분담했으나 이후 신-중앙철도역건축으로로 중심역이 되었음(2014년 오픈)
- 하루 평균 11만 명의 승객이 이용하는 가장 거대한 중앙역으로 네덜란드 전국의 모든 도시와 벨기에와 프랑스로 연결됨
- 중앙역이 위치한 곳은 소비재부터 중장비에 이르는 다양한 분야의 네덜란드 기업과 다국적기업들이 위치한 흐로트한델스헤바우(Groothandels-gebouw) 복합 빌딩 등 국제 업무 지구임

2. 로테르담 중앙역

• 로테르담 중앙역

구분	내용
위치	Rotterdam, Netherlands
시행 면적	46,000m^2
설계 회사	Benthem Crouwel Architects, MVSA Architects, West 8
추진 일정	최초 1847년(2014년 신-중앙철도역사 오픈)
용도	전쟁으로 인한 철도 복구 및 중앙역 역할 강화
특징	- 지붕에 13만 개 이상의 태양광 패널이 설치되어 있음 - 철로 구역과 도시를 독립구역으로 만들었으며, 플랫폼은 250m 간격의 투명 지붕 통로와 중앙홀이 연결된 형식 - 방문객들은 높고 가벼운 느낌을 주는 중앙 홀로 들어오면 바다와 기차를 한눈에 볼 수 있음

• 중앙역 내부

2. 개발 경과

- 1847년 6월 처음 개통된 이 철도역은 당시 '델프체-포르트역'이라 불렸으며, 중앙철도역의 기능을 갖추지는 못했음
- 이후 로테르담 마스역이 개장했고, 이 두 개의 역은 1940년 로테르담 공습으로 인해 완전히 파괴됨
- 제2차 세계대전 이후, 네덜란드 건축가 시볼트 판 라베스테인(Sybold van Ravesteyn)이 디자인한 새로운 중앙철도역이 1957년 개관됨
- 2007년 9월 기존 중앙철도역을 폐쇄시키고 2014년 3월 신-중앙철도역 개관

2. 로테르담 중앙역

• 과거의 로테르담 중앙역(1950~1957년)*

3. 개발 내용

■ 도시적 특성의 차이
- 철도역 북단과 남단의 도시적 특성에서 차이가 있음
- 상대적으로 더 적은 승객들을 위한 북측 출입구는 프로비니에르 지구에 어울리는 모던한 디자인으로 점진적으로 도시에 연결되고, 북측 부분은 대규모의 증축을 피하고 가능한 녹지 확보에 힘씀
- 측면의 거대한 주 출입구는 고층 도심 지역의 관문임을 나타내는 상징이며, 유리와 나무로 만들어진 홀은 국제적이고, 대도시적인 아이덴티티를 이끌고자 노력함

- ▣ 중앙역의 공공 공간
  - 철도 역사 정면에는 가로수길이 연결되어 있으며, 750대의 차량을 주차할 수 있는 주차장과 5,200대의 자전거를 보관할 수 있는 보관소가 있음
  - 철도역의 동쪽 부분에는 트램역이 있으며, 버스, 트램, 택시 정류장이 있음
- ▣ 실내 공간 인테리어와 외관 구조
  - 승강장 지붕은 투명하며 중앙 출입구를 통해 밝고 높은 홀
  - 승강장 지붕과 내부 홀에 목재를 사용하여 따뜻한 분위기를 연출함
  - 길이 250m를 넘는 모든 선로를 덮는 지붕 구조는 투명하고 자연채광임
- ▣ 상어 모양의 메인역 디자인 형태에 맞추어 맞은편 주차장 입구도 작은 상어 형태로 디자인함

• 로테르담 중앙역 주차장

4. 개발 주체

- 벤텀 크루벨 건축사무소, MVSA(Meyer en Van Schooten Architecten), 웨스트 8의 협업체 팀이 디자인을 수행했으며 이 중 웨스트 8은 건축사, 도시 계획가, 조경가로 참여함

5. 지구 재생의 특징과 효과

- 중앙역 역할
  - 기존의 나누어진 선로로는 완전한 중앙역의 역할을 수행하지 못했지만 2014년 신관의 개관으로 인해 완전한 중앙역의 역할을 수행하고 하루 평균 약 11만 명의 승객이 이용하는 거대한 인프라로 도약
- 재생 사업의 효과
  - 나누어진 도시 구역에 맞는 시각적 효과 전달
  - 신관의 디자인은 운송 허브로서 거대한 물류의 흐름을 표현하고, 로테르담의 '문화적 축'임을 드러내고 있음

로테르담의 주요 랜드마크

3. 큐브 하우스
목조디자인 주거형 호텔(도시 지붕의 삶)

1. 프로젝트 개요

- Cube House. 네덜란드 로테르담 블락(Blaak) 역 근처에 위치한 큐브 형태의 건물로 아래층에 상가가 존재하고 큐브 모양이 실질적으로 거주할 수 있는 주거 단지임. 큐브 모양의 거주 구역은 약 29평 규모
- 정육면체 큐브 38개를 연속적으로 이어 붙인 건축물이며, 네덜란드어로 '쿼비 보닝언(Kubu woningen)'이라 불리며 독일 출신의 건축가 핏 블롬(Piet Blom)이 설계함
- 현재 호텔로도 사용하며 1층은 오픈 주방과 거실, 2층은 침실과 욕실이 있으며 3층은 작은 정원으로 사용 가능, 투어 가능(입장료: 1인당 2유로) - 1984년 완공
- 2006년 큐브 하우스 아래층에 체스 박물관(Chess Pieces Museum) 개관

3. 큐브 하우스

• 큐브 하우스 외관

구분	내용
위치	Overblaak 70, 3011 MH Rotterdam, Netherland
시행 면적	100m^2
시행사	핏 블롬(Piet Blom)
추진 일정	1982~1984년
용도	로테르담 주택국의 고가 보행로 상부에 집합 주거 시설 설치
특징	- 38개의 작은 큐브들과 슈퍼큐브라 불리는 큰 큐브 3개가 위치 - 막대에 꽂혀 있는 정육면체의 모양으로 3개의 창은 하늘을 향하고, 지상에서 본 하부 모습은 잘 깎아 놓은 연필을 연상시킴 - 3개 층으로 구분되어 있으며, 가장 하부층에는 거실이 있고, 경사진 벽면 구조에 의해 외부 공간으로 개방되어 있으며 중간층에는 침실과 욕실이, 최상층에는 여분의 공간과 침실이 존재함

2. 개발 경과

- 로테르담 주택국에서 건축가 핏 블롬에게 블락가 위를 가로지르는 고가 보행로 상부에 집합 주거 설계를 의뢰함
- 나무와 숲을 개념화하여 나무 위의 오두막을 연상시키는 주거 단지를 디자인했으며 '도시 지붕의 삶'이라는 콘셉트를 통하여 건설함

3. 개발 내용

- 독특한 시각적 효과
  - 기둥에 세워진 주택이라는 뜻의 '팔보닝언(Paalwoningen)'이라 불림
  - 사각형 큐브는 45°각도로 세워 놓았으며 벽들과 창문들은 54.7° 기울어짐
  - 공공 공간
  - 주거 단지의 지상층에는 상점, 사무소, 학교와 운동장 등의 공공 생활공간을 배치했고, 상부에는 주거 공간이 위치
  - 수평적인 공공 공간과 수직적인 사적 공간의 각 기능을 확보

4. 개발 주체

- 핏 플롬은 암스테르담 건축예술학교(Amsterdam Academy of Building-Arts)를 수료했으며, 헬몬드에 블락의 큐브하우스와 유사한 디자인의 큐브하우스를 건설함으로써, 새로운 디자인의 개념을 제시

5. 지구 재생의 특징과 효과

■ 독특한 시각적 디자인
- 독특한 시각 디자인을 통하여 다수의 관광객들을 유입할 수 있으며 동시에 마르크트할과 거리가 멀지 않아 유명한 방문 명소가 됨
- 기존의 거주 단지 디자인에 대한 틀을 깼으며 사적 생활공간과 공공 생활공간의 수직·수평적 분리를 통하여 균형을 맞춤

• 큐브 하우스 외관 2

출처: www.shutterstock.com

4. 에라스무스 다리

로테르담 마스강 위의 백조형 다리

1. 프로젝트 개요

- Erasmus Bridge. 사장교와 도개교가 합쳐진 다리로 로테르담의 중심에 위치함. 로테르담의 북과 남을 연결해 주는 역할로 로테르담 발전의 근간이 되었음
- 네덜란드에서 2번째로 큰 다리로 기독교 르네상스 인본주의자인 데스데리우스 에라스무스(Desiderius Erasmus)의 이름에서 유래
- 길이 약 802m, 폭 33.8m, 높이 139m이며 1996년에 완공되었음. 케이블로 고정된 비대칭 파란색의 철탑 때문에 '백조'라는 별칭을 얻음
- 1998년 성룡의 영화 〈후 엠 아이(Who Am I)?〉의 배경으로 나왔으며, 스포츠 이벤트인 '레드 불 에어 레이스(Red Bull Air Race)'의 경주 코스 중 하나

4. 에라스무스 다리

• 에라스무스 다리 전경

구분	내용
위치	로테르담 마스강, 네덜란드
시행 면적	길이: 802m, 폭: 33.8m, 높이: 139m
시행사	Ben van Berkel
추진 일정	1990~1996년
용도	로테르담의 남과 북을 연결하는 교량
특징	- 가장 중요한 구조물인 주탑(pylon)이 비대칭으로 중앙에서 벗어나 더욱 역동적인 조형미 연출 - 2개의 보도와 양방향의 자전거 도로, 전차 도로와 차로 등 도로망이 연결된 상판을 총 다섯 개의 교각이 지지함 - 로테르담의 남과 북을 잇는 이곳은 로테르담에서 교통, 지리, 경제적으로 매우 중요한 지역으로 꾸준한 도시 개발이 이루어지는 중

2. 개발 경과

- 로테르담의 도시와 도시를 잇는 대규모 공공 프로젝트로 진행되었으며, UN 스튜디오의 벤 판 베르켈(Ben van Berkel)이 디자인함
- 공사비 1억 6,300만 유로가 넘게 투입됨. 다리 남쪽 부분에는 중앙 사장교 하부로 통과하지 못하는 선박들을 위해 89m 길이의 도개교가 설치됨

3. 개발 내용

- 역동적 조형미
  - 다리 전체를 한쪽 주탑에서 지지하기 위해 들어간 강철 와이어 수는 약 16조 개
  - 긴장감 있는 형태의 경사진 주탑은 청백색으로 마감되어 있으며, 로테르담의 지역을 잇는 연결된 이미지를 표현함
- 다리 제원
  - 사장교 구간, 도개교, 강합성 접속교가 합쳐진 교량이며, 사장교의 형식은 비대칭 강사장교이며 기울어진 주탑(절선 주탑), 다리 한쪽 부분의 긴 경간(Span, 다리의 지지점 사이의 거리)에만 케이블을 분포, 전철과 차량, 도보 및 자전거 도로가 모두 설치됨
  - 주탑의 꺾어지는 부분의 강재 두께를 확대시켜 응력 집중 문제 해결

4. 에라스무스 다리

• 에라스무스 다리 건축 진행 사진*

4. 개발 주체

- UN 스튜디오는 네덜란드 부부 건축가 벤 판 베르켈과 카롤리너 보스(Caroline Bos)가 설립한 설계 사무소
- 이중나선형 구조로 유명한 독일 슈투트가르트의 벤츠 뮤지엄과 뫼비우스 하우스 등의 설계를 통해 세계 건축의 첨단이라는 평가를 받고 있음

205

로테르담의 주요 랜드마크

5. 콥 판 자위트

지구 항만 재개발-주거 개발 재생 프로젝트

1. 프로젝트 개요

- Kop Van Zuid. 북측 해안과 남측 해안 간의 지역적 격차 해소 및 시내 중심부의 과밀화 방지 요구의 분출이 콥 판 자위트 프로젝트의 시작점
- 니우어 마스(Nieuwe Mass)강의 남측 부두인 비너 하번(Binne haven), 엔트레폿 하번(Entrepot haven), 스포르베흐 하번(Spoorweg haven), 스포르베흐 하번 공원, 그리고 레인하번(Rijnhaven)을 대상으로 이루어진 프로젝트. 다양한 복합 용도의 구역이 구분된 대규모 수변 개발 프로젝트임
- 125ha의 전체 부지에 집합 주거, 사무 공간 등을 위한 도시 공간 계획으로 시작되었으며 1978년 항만 재개발 계획 이후로, 1982년 창고 지역이었던 브드헬름(Wdhelm) 부두 지구 개발 등을 통하여 1991년 9월 로테르담 시의회에서 만장일치로 '콥 판 자위트' 계획 실시

5. 콥 판 자위트

• 콥 판 자위트 전경

구분	내용
위치	Kop van Zuid. Rotterdam, The Netherlands
시행 면적	125ha
시행사	De Architecten Cie, Architecture and Planning Projet Architecten-F
추진 일정	1987년~
용도	마스 강변의 항구 지역 대규모 수변 개발 프로젝트
특징	- 로테르담의 마스터플랜으로 진행된 본격적인 도시 정비 프로그램 - 로테르담의 남과 북을 잇는 대규모 프로젝트로, 실업 문제, 주거 및 사무 공간 부족 문제 등을 해결하는 거대 도시 프로젝트 - 콥 판 자위트와 같은 주요 재개발 사업으로 이익을 얻지 못한 중저소득층의 사람들에 대한 약 10억 유로 공동 투자 예상

❻ 로테르담의 주요 랜드마크

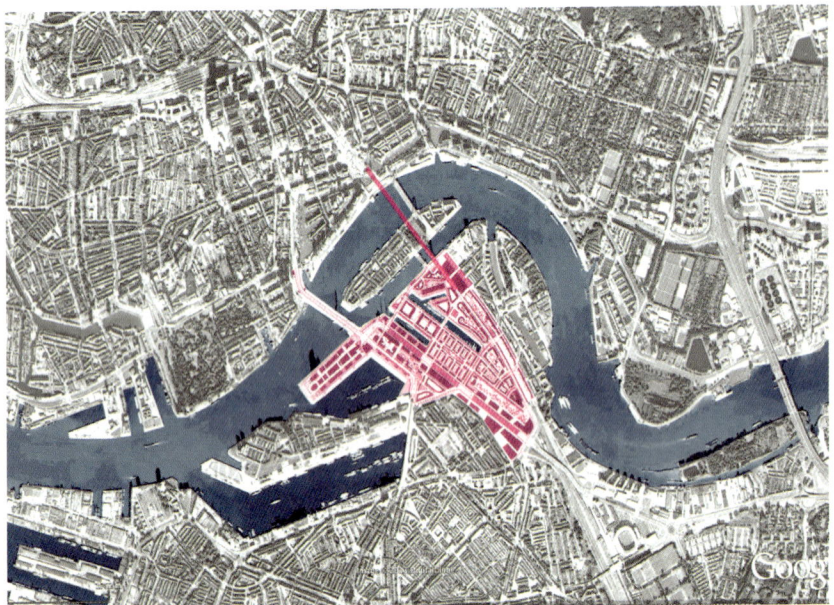

• 콥 판 자위트 지도

출처: Kop van Zuid

• 콥 판 자위트의 아파트 단지

2. 개발 경과

- 1960년대까지 로테르담 항구와 공업 단지가 있던 곳
- 제2차 세계대전 당시 나치 독일이 유대인을 포로 수용소로 나르는 배가 이 곳에서 출발하면서, 항만은 첨단 설비를 갖춘 북쪽 해안(유로포트)으로 자리를 옮겨 감
- 재래식 시설만 남은 마스 강변 남쪽은 텅 빈 창고와 도크만 남아 슬럼화됨
- 1968년에는 이곳에 홍등가를 조성하려는 발표를 했으나 지역 주민들의 반대에 부딪쳐 백지화되었으며, 1978년 주민들의 의견을 받아들여 주민들을 위한 주택을 짓기 시작함
- 1982년 윌헬름 부두 지구 장래 거주 개발 지역 지정 및 1992년 트램 플러스(Tram Plus) 및 에라스무스 다리, 지하철 역 등의 건설에 동의
- 1995년부터 '콥 판 자위트' 수변 개발 프로젝트 진행

- 과거의 콥 판 자위트

출처: Kop van Zuid

• 콥 판 자위트의 과거(왼쪽)와 현재(오른쪽)

3. 개발 내용

- 40만m²의 사무 공간, 3만 5,000m² 비즈니스 공간, 3만m² 교육 시설, 7,600여 개의 거주 구역, 4,600개의 실내 주차 공간, 3만m² 오락 및 기타 용도 시설 건설
- 주요 인프라 시설
  - 파르케노르드서(Varkenoordse) 고가도로, 란 옵 자위트(Laan op Zuid)는 콥 판 자위트로 접근하는 가장 주요한 도로
  - 빌헬미나플레인(Wilhelminaplein) 지하철역 건설
  - 에라스무스 다리
  - 더 로테르담(De Rotterdam) 건설, 복합 건물로 3개의 연결 타워
- 버티컬 시티(Vertical City)
  - 콥 판 자위트는 버티컬 시티(수직 도시)라 불리며, 다양한 고층 빌딩과 4성급 호텔, 사무실, 쇼핑숍, 레스토랑 등 여러 가지 생활환경이 구축되어 있음
- 대표적인 역사적인 건물들은 '호텔 뉴욕(Hotel New York)', '더 로테르담(De Rotterdam)' 복합 건물

• 콥 판 자위트 재개발 현황   출처: Kop van Zuid

- 콥 판 자위트를 통하여 강을 중심으로 남과 북으로 나뉘어 있던 로테르담의 도시 양극화 현상을 극복하고자 함
- 로테르담시의 강력한 추진이 있었으며 이를 뒷받침하기 위해 다양한 이해 관계자 및 당사자들간의 협력이 이루어짐

4. 지구 재생의 특징과 효과

- 수변 재생 프로젝트
  - '새로운 로테르담'이라는 표명하에, 도시 거주자와 도시 전문경영자들의 힘을 모아 1986년부터 시작한 프로젝트
  - 도시 전체의 개발 맥락에서 시작된 프로젝트로서 중앙정부, 지방정부, 개인, 민간사기업 등 다양한 협의체를 통해 프로젝트 수행

■ 재생 사업의 효과
- 다양한 인프라: 기존의 슬럼가에서 주거구역, 사무구역 등 다양한 인프라를 설치함으로써, 지역간의 불균형을 해소하고 도시 재생에 성공함
- 마스강 항구 재생산: 다음 기본적인 노선을 통한 개선을 찾아 냄
① 주거 기능을 교외로 이동
② 도심을 제3의 활동에 투입
③ 도시 및 물리적 인프라 개선
④ 도시화되지 않은 마스강 항구 시설 확장, 이를 통해 현재 마스강 항구시설 내 관광객들을 위한 크루즈 시설 운영

• 콥 판 자위트와 에라스무스 다리

6. 더 로테르담
시청, 주거, 호텔, 사무실 상업 복합 건물

1. 프로젝트 개요

- De Rotterdam. 렘 콜하스(Rem Koolhaass)가 설계한 로테르담 강변의 가장 대표적인 랜드마크 빌딩
- 2013년 완공한 더 로테르담은 150m 높이의 건물 3개가 겹쳐 보이는 느낌을 줘 '세 쌍둥이 무역센터'라는 별칭을 얻음
- 연면적이 16만m²로 축구장 한 개 크기의 대지에 거대한 빌딩이 세워져 있으며, 업무, 주거, 상업 시설로 이루어진 복합 건물로서 로테르담 도시 안에 또 하나의 수직 도시라 불리기도 함
- 여러 개의 볼륨이 조금씩 엇나간 형태로 쌓여 이루어져 있음

• 더 로테르담 외관

구분	내용
위치	Wilhelminakade 139, 3072 AP Rotterdam, Netherland
시행 면적	160,000m^2
설계	렘 콜하스
추진 일정	1997~2013년
용도	주거, 상업, 비즈니스 업무 복합 공간
특징	- 150m 높이의 건물 3개가 겹쳐 있는 것처럼 보이는 착시 효과 - 시몬느 자산운용은 아문디자산운용과 손을 잡고 '더 로테르담' 빌딩을 4,500억 원에 인수함 - 네덜란드에서 가장 큰 건물로 미묘하고 불규칙한 배열을 가지고 있으며, 각 건물의 볼륨은 내부적 용도에 따라 달라짐

2. 개발 경과

- 로테르담시에서 약 2만 5,000m^{2}의 사무실 공간을 요청하자 1997년 사무실, 아파트, 호텔, 식당 등에 대한 복합 건물 프로젝트가 시작됨
- 2009년 건설을 시작했으며, 총 비용 3억 4,000만 유로로 2013년 완공되었음. 에라스무스 다리 옆에 위치한 빌헬미나피르(Wilhelminapier)의 재개발 일부임
- 과거 미국으로 이민 온 수천 명의 유럽인들을 실어 나르면서 출발한 홀랜드 아메리카라인(HollandAmericaLine)의 배들 중 하나의 이름을 따 옴

3. 개발 내용

- 더 로테르담 외관
  - 각각 건물의 볼륨들은 30ft 높이의 바닥을 공유하는 3개의 상호 연결된 타워로 구성됨
  - 서쪽 타워, 중간 타워 및 동쪽 타워는 서로 다른 방향으로 몇 미터씩 이동되어 있어 바람의 안전성을 높이고 테라스를 위한 공간을 제공함

- 정면은 자연 환기를 할 수 있도록 해 놓았으며, 총 층수는 44층으로 구성됨
■ 더 로테르담의 용도
- 240개의 아파트 주거 공간이 존재하며, 7만 2,000m^2 사무실과 회의실 공간이 있음. 684대 이상을 주차할 수 있는 주차장과 지하 주차장, 285개의 객실이 있는 호텔, 카페, 레스토랑 등의 레저시설 또한 약 2,500m^2 면적으로 구성됨
- 매일 약 5,000명의 사람들이 출입하고 사용하며, 더 로테르담의 FAR(Floor Area Ratio)는 네덜란드에서 가장 밀집된 부분을 형성함

4. 설계 주체

■ 렘 콜하스 설계사는 영국 런던의 건축협회학교(AA School)에서 건축 공부 이후, 설계 사무소 OMA의 소장으로 활동하고 있으며 '자유'라는 개념을 건축 디자인에 도입하여 상당히 독특한 디자인을 하는 것으로 알려짐

7. 페닉스 푸드 팩토리

민간이 적극적으로 참여한 도시 재생 사례

1. 프로젝트 개요

- Fenix Food Factory. 카텐드레흐트(Katendrecht)는 제2차 세계대전 이후부터 할렘화되어 악명이 높았지만 21세기에 들어서면서 네덜란드의 헤이만스(Hijmans)와 본스타트 로테르담(Woonstad Rotterdam), 시 정부가 파트너십을 맺어 개선함
- 개선 과정 중에서 페닉스 2(Fenix 2) 창고를 지역 활성화를 위한 임시 프로그램 개최지로 선정함
- 당시 양조장, 카페 등 상업 공간을 찾던 창업자들에게 임대하게 되면서 페닉스 2는 음식 및 식당 공간으로 활용되는 페닉스 푸드 팩토리로 재생됨
- 당시 페닉스 푸드 팩토리의 창업자인 초머 제일스트라(Tsjomme Zijlstra)가 기존의 페닉스 1 창고를 임대하려고 했으나 증축 계획이 있었기에 페닉스 2를 임대 받으며 새롭게 탄생함
- 페닉스 팩토리 운영재단은 첫 창업자 7명이 연대하여 만들었으며 당시 로테르담 시 정부는 페닉스 2 창고의 임대만 맡았을 뿐 규칙 등을 주어 주지 않았기 때문에 시스템 관리 등은 모두 페닉스 팩토리 운영재단이 맡아서 이행 중

❻ 로테르담의 주요 랜드마크

• 페닉스 푸드 팩토리 전경

• 페닉스 푸드 팩토리 주변

7. 페닉스 푸드 팩토리

• 페닉스 푸드 팩토리 외관

• 페닉스 푸드 팩토리 야외 공간

로테르담의 주요 랜드마크

8. HNI
네덜란드 도시 재생 연구소

1. 프로젝트 개요

- Het Nieuwe Institute. NAI(Netherlands Architecture Institute)의 전신으로 도시계획, 건축, 디자인 산업, 디지털 컬처, 뮤지엄, 아카이브, R & D를 모두 통합한 기관으로 네덜란드만의 도시 재생 노하우를 축적·개발, 연구·실행하는 선봉 역할
- 도시 재생 및 개발 사업에서 국가 및 지역의 문화를 바탕으로 지역사회와 유리되지 않는 건축의 중요성, 디지털 문화와 디자인이 융합되어 도시를 재생시킴
- 정책 및 사업 실행을 위한 4가지 주요 축
- 첫째, 기존의 고전적인 박물관 혹은 미술관의 개념이 아니라 신지식의 개발 및 축적을 장려하는 장소로서의 박물관
- 둘째, 지역사회의 주요 활동들(다양한 사회 교육 및 문화 활동들, 심포지엄, 전시 등을 포함한 공공 프로젝트)을 도시의 한 부분으로 정착 및 흡수시키기 위한 프로그램 지원
- 셋째, 조경 및 생태 문제에 대한 프로그램과 디자인 섹터 접합
- 넷째, 정비 사업으로서의 도시 재생이 아닌, 숨을 불어넣는 의미로서의 도시 재생 사업 기획을 중심으로 움직이며 이를 위한 거버넌스 구성, 관련 기관 간의 조율 역할도 하는 기관

8. HNI

- 요 쿠넌(Jo Coenen)이 설계했으며, 아카이브를 포함한 도서관, 전시 공간 등을 제공하는 건물
- 네덜란드의 건축과 도시계획의 역사를 보여 주는 자료를 보관하고 있으며 건축 협회 회원인 지역 및 해외 디자이너들과 일반인들을 위한 연구소
- 연못 한가운데 세워진 오크 드 브리에의 대형 무중력 조각 작품이 흔들림 없는 수면과 수직의 대조를 이루고 서 있는 것을 볼 수 있음

• HNI 외관

구분	내용
위치	Museumpark 25, 3015 CB Rotterdam, Netherland
시행사	요 쿠넌 건축회사
추진 일정	1993~1999년
용도	네덜란드 건축 역사 및 계획연구소, 박물관, 미술관
특징	- 어린이와 청소년 등 다양한 연령층을 위한 프로그램을 구성하며, 워크숍, 가이드 투어, 초등 및 중등 교육을 위한 특별 전시회 개최 - 대중에게 개방된 도서관은 4만 권 이상의 건축, 디자인 및 관련 분야에 관한 서적뿐 아니라 정기 간행물 보유 - 2013년 3개 분야(건축, 디자인, 디지털 문화)를 통합해 HNI로 재개관하여 새로운 연구소로서 건축 관련 지원 역할 수행

2. 개발 경과

- 암스테르담 건축가 협회가 암스테르담의 호텔 파르크지흐트(Hotel Parkzicht)에서 그림과 모델을 보관할 의무가 있는 국립 건축 박물관에 대한 아이디어 발의
- 1980년대 3개의 문화 연구소가 HNI를 구성하기 위하여 협력했으며 네덜란드 건축 문서 센터(NDB), 건축 박물관 재단(SAM), 기타 건축 및 디자인 분야 재단들로 구성되었음
- 보테르슬로트(Botersloot)의 빈 도서관에 HNI를 설립하려는 계획을 세웠으나 포기하고, 새로운 건물을 건설하기 전 웨스테르싱얼(Westersingel)에 있는 건물에 임시로 마련
- 1988년 6명의 건축가가 경쟁한 결과 요 쿠넌이 맡게 되었고, 집중적인 보수가 끝난후 2011년 7월 1일 개장함

3. 개발 내용

- 요 쿠넌의 계획
  - 북쪽과 남쪽 입구로 연결되는 중앙의 리셉션 홀, 외골격 프레임 안에 떠 있는 유리박스, 벽돌로 덮인 전시 홀, 그리고 마지막 골진 강철로 덮인 콘크리트 기둥으로 지탱되는 곡선 건물로 계획
  - 네덜란드의 여느 도시처럼 물길이 지나가는 길의 종결점에 사이트가 위치해 있고, 물길을 연속시키는 공공장소의 필요성을 강조함
  - 거대한 유리 상자를 받치고 있는 매스는 유리 상자를 랜드마크로 돋보이게 하기 위함이고, 동시에 기념비적인 건축적 상징을 강조함
  - 아카이브를 포함한 도서관, 전시 공간 등의 구역과 각 구역의 기능에 따라 다른 재료로 만들어져 시각적으로 구분이 되지만 배치의 형태적인 모습이

중첩되어 통일된 이미지를 줌
- HNI의 용도
  - 기능적 용도와 상직적 역할을 동시에 수행함
  - 세계에서 가장 많은 건축 소장품을 보유하고 있으며 공공도서관을 통하여 시민 누구나 쉽게 접근할 수 있음
  - 기록보관소는 도면, 스케치, 모델, 사진, 책, 저널 등의 다양한 자료를 수집 보관함
  - 건축의 공공성을 기능적으로 해결하여 시민이 참여할 수 있도록 개방함

• HNI 내부

❻ 로테르담의 주요 랜드마크

• HNI 내부

• HNI 내부 세미나실

• HNI 카페

로테르담의 주요 랜드마크

9. 레인반

보행자만을 위한 보행자 전용 쇼핑 거리 재생

1. 프로젝트 개요

- Lijnbaan. 로테르담의 중심가에 위치한 보행 전용 쇼핑 거리로 1667~1845년에 위치해 있던 로프샵 이름에서 유래함. 1953년 최초 오픈. 1983년 재생하여 완공
- 총길이는 1km가 넘으며, 보행자만이 다닐 수 있고 폭은 약 20m. 가로 양옆으로 2개층의 상점이 있고 중앙에는 가로수와 화단, 차양 등이 곳곳에 배치되어 있어 쇼핑뿐 아니라 휴식 공간의 역할도 함
- 시내 중심부에 차량을 통제하고 시민을 위한 공간을 배려한 보행 전용 거리로는 세계 최초이며, 레인반의 영향으로 브라질 쿠리치바(Curitiba)의 꽃의 거리(Rua das Flores), 코펜하겐의 스트뢰에(Straget) 등 세계적인 보행 거리들이 만들어진 계기가 되었음
- 유명 브랜드뿐 아니라 다양한 중·소 규모의 숍들로 구성됨

9. 레인반

• 레인반 거리 입구

구분	내용
위치	Lijnbaan 76, 3012 ER Rotterdam, Netherlands
시행 면적	510m
시행사	판 덴 브룩(van den Broek) & 바케마(Bakema)
추진 일정	1949~1953년
용도	세계 최초 자동차 없는 보행자 전용 쇼핑 거리
특징	- 레인반의 매장은 국가기념물 목록에 포함되어 있음 - 1962년부터 비넨베흐플레인(Binnenwegplein)의 백화점까지 확장 - 레인반의 측면 거리인 콜트 레인반은 메인 거리보다 폭은 좁지만 고풍스런 로테르담 시청사가 가로 끝에 위치함

2. 개발 경과

- 베르스트라베르서(Beurstraverse) 재개발의 일례로서, 1954년 독일의 로테르담 폭파 이후, 오랜된 쇼핑 지구를 완전히 새로운 쇼핑 지구로 탈바꿈하는 계획
- 시내 중심에 차량 이용을 제한하고, 오로지 보행자만을 위한 거리를 만드는 것으로 주목받았으며, 세계 최초의 보행자 거리라는 타이틀 획득

3. 개발 내용

- 보행자 거리
  - 총 길이 1km 거리의 양쪽에는 각 브랜드 숍, 중·소규모 가게들이 늘어서 있으며 이는 모두 네덜란드 국가기념물에 등록되어 있음
  - 유럽에서도 손꼽히는 쇼핑가이며, 꽃과 녹지가 다양하게 확보되어 있음. 카페와 테라스 등이 설치되어 있어 보행 거리 차양 막으로 비가 와도 쇼핑할 수 있도록 설계함

• 레인반 거리 내부

• 길거리 행사

로테르담의 주요 랜드마크

10. 뤼흐칭얼 다리
로테르담 중앙과 북부를 연결하는 보행자 다리

1. 프로젝트 개요

- Luchtsingel Bridge. 2017년 6월 준공된 보행자 전용 다리로, 세계 최초로 시민 기금으로 완공된 공공 기반 시설
- 건축가 그룹 ZUS가 디자인한, 로테르담 중심의 3개 지구를 연결한 공공 기반 프로젝트
- 영구적인 시간성의 아이디어를 근간으로 시도된 프로젝트로, 철도역과 공원, 건물 등 단절된 도시 환경을 3차원으로 연결함으로써 도시를 만드는 새로운 방식을 제시함
- 옥상 층에는 지붕형 도시 농장을 조성하고, 공원의 놀이터 옆으로 채소 정원을 조성하는 등 보행자 도로와 연계해 환경친화적인 도시 흐름을 긴밀하게 엮어 주고 있음
- 철도역(Hofplein Station)의 지붕 층은 녹지 공간과 이벤트 공간으로 발전되어 로테르담 심장부의 녹지화에 일조함
- 다리는 철도역을 가로지르기도 하고, 철도를 따라 도시의 공간 깊숙이 확장되어 연속성과 접근성을 높여 줌
- 다리 안쪽은 노란색으로 처리되어 멀리서 보면 다양한 지역을 연결하는 하나의 연속된 흐름과 시너지로 작용함
- ZUS의 파트너 건축가 크리스티안 코레만(Kristian Koreman)에 의하면 뤼흐

칭얼 다리는 "변화된 건물과 새롭게 형성된 공공 공간과 함께 새로운 3차원 도시 경관을 형성하며 이 특별한 연결성은 도시의 독특한 뼈대를 구성한다"고 함

2. 개발 역사

- 2011년 로테르담 중앙지구로 예정되었던 계획이 취소되어 사무실 공실이 발생함
- ZUS가 젊은 사업가들에게 인큐베이터 역할을 할 수 있는 도시 실험실과 이를 연결하는 공공시설을 디자인함
- '내가 로테르담을 만든다'는 가치 아래 시민 기금 운동을 통해 출발한 뤼흐칭얼 공공 프로젝트를 실시하여, 25유로만 내면 누구든지 자신의 이름이 새겨진 나무판을 살 수 있도록 공모함
- 결과적으로 8,000개가 넘는 기부자 판이 팔렸고, 보행도로 벽면에 각 기부자들의 이름을 새김
- 시민들의 뜨거운 참여를 이끌어 낸 뤼흐싱얼 공공 보행로 프로젝트는 2012년에 '로테르담 시티 이니셔티브(Rotterdam City Initiative)', '그린 빌딩 어워드(Green Building Award)', 2013년에 '더 베를린 어번 인터벤션 어워드(The Berlin Urban Intervention Award)', 2014년에 '로테르담 아키텍처 어워드(Rotterdam Architecture Award)', 2015년에 '더 골든 피라미드 앤드 더 더치 콘스트럭션 어워드(The Golden Pyramid and the Dutch Construction Award)'를 수상하여 널리 인정받았고, 크라우드 펀딩이라는 공공 기반 시설 사업의 새로운 가능성을 열어 주고 있음

❻ 로테르담의 주요 랜드마크

• 뤼흐칭얼 다리 외관

• 뤼흐칭얼 다리 외관

10. 뤼흐칭얼 다리

• 뤼흐칭얼 다리 외관

• 뤼흐칭얼 다리에서 본 주변 건물들

11. 레드 애플

켄틸레버 형식의 주상복합 아파트이자 KCAP의 대표 건축물

1. 프로젝트 개요

- The Red Apple. 로테르담 베인하번(Wijnhaven)섬의 끝에서 124m 높이로 올라가는 복합 용도 건축물로 로테르담 시내 중심과 마스강 사이에 위치하며 2009년 완공됨
- 231개 아파트, 상점, 식당 및 비즈니스 공간이 있는 복합 건축물 삼면이 물에 둘러싸여 강과 올드 하버(Old Harbour)의 전망을 한눈에 조망할 수 있음
- 크게 캔틸레버식 아파트 블록 빌딩과 다목적 타워 총 2가지로 구분됨

구분	내용
위치	Wijnbrugstraat 140, 3011 XW Rotterdam, Netherland
시행 면적	35,000m²
시행사	KCAP
추진 일정	2002~2009년
용도	식당, 상점, 비즈니스 공간 및 주거 공간의 복합 건축물
특징	- 로테르담에서 8번째로 높은 건물. 121개의 시설과 338개의 다층 주차장이 있음 - 크게 2가지 구역으로 나뉨, 천장부터 바닥까지 유리를 통해 최대한 투명성을 유지했으며, 타워는 적색 알루미늄 패널로 덮여 있음

2. 개발 경과

- 하벤스테더르(Havensteder; 이전 PWS)가 KCAP에 건축을 의뢰하여 도시 중심과 마스강 사이에 위치한 베인하번섬의 앞쪽에 위치함
- 오른쪽의 높은 빌딩이 다목적 빌딩이며 아래의 넓은 건물이 켄틸레버 블록 빌딩

3. 개발 내용

- 독특한 건축 구조
  - 전체적인 프레임을 빨간색으로 사용하고 유리창을 통하여 투명성을 강조함
  - 다목적 타워와 주거 공간 두 개의 큰 덩어리로 이루어져 있으며, 특히 주거 공간은 캔틸레버식으로 지어졌음. 주추·플린스(plinth)로 연결되어 저층 보행 공간에 대한 접근성과 활성화가 용이함

4. 개발 주체

- KCAP 설계
  - 1989년 케이스 크리스티안서(Kees Christiaanse)가 창립한 건축, 조경 설계 및 도시계획 전담 회사
  - 로테르담에 본사가 있고 취리히, 상하이에 2개의 지사가 있음
  - 대규모 도시 설계 및 마스터 플랜, 워터 프론트 개발, 대중 교통 허브 등 광범위한 프로젝트 수행

❻ 로테르담의 주요 랜드마크

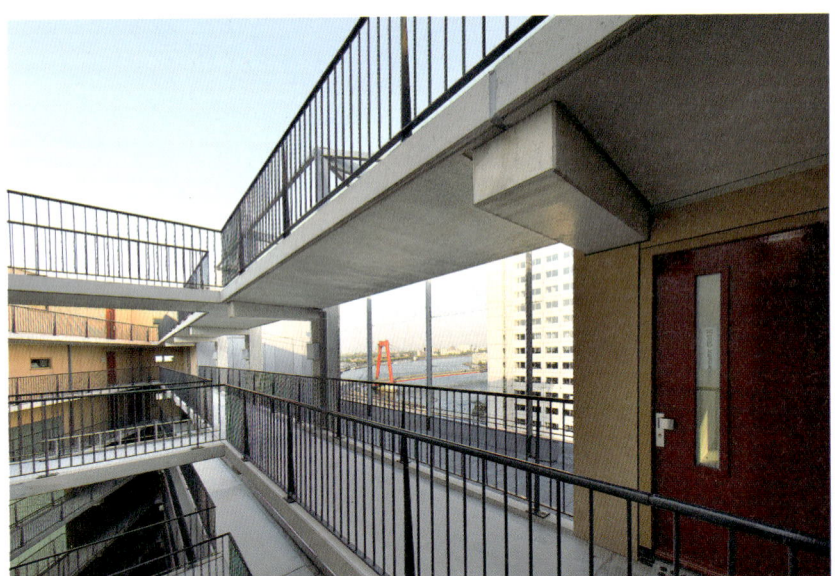

• 레드 애플 건물 구성도

다목적 빌딩
켄틸레버 블록 빌딩

• 레드 애플 건물 옥상 복도

출처: kcap.eu

12. 스하우뷔르흐플레인 광장
도시 내 빈 공간의 미학

1. 프로젝트 개요

- Schouwburgplein. 도시 내 빈 공간의 미학을 보여 주는 광장으로 도시에 빈 공간이 왜 필요한지를 설명해 주는 좋은 사례. 광장의 바닥을 35cm 높여 '도시의 무대'라는 의미를 부여함. 1996년 개관
- 나무, 철, 고무 등을 다양한 바닥 패턴으로 사용하여 설치함
- 광장의 가로변에 존재하는 4개의 오브제로 사용되고 있고 시간이 되면 음악에 맞춰 움직이는 댄스 스퀘어로 더 알려져 있음

• 스하우뷔르흐플레인 광장

❻ 로테르담의 주요 랜드마크

구분	내용
위치	Karel Doormanstraat 101, 3012 GD Rotterdam, 네덜란드
시행 면적	50m×140m
설계	West 8
추진 일정	1996년 개관
용도	시내 중심부의 광장
특징	- 일반 바닥보다 약 35cm가량 더 올라와 있어 무대의 느낌을 줌 - 길 건너편에 있는 가로수를 제외하고는 광장을 모두 비워 놓음으로써 건조한 느낌 - 광장 주변에는 극장, 카페, 레스토랑, 콘서트홀 등이 존재함

• 스하우뷔르흐플레인 광장 외관

2. 개발 경과 및 특징

- ■ West 8이 디자인했으며, 조형물은 아드리안 회저(Adriaan Geuze)가 설치함. 도시 내 공허의 중요성을 강조한 도시 스카이 라인을 향한 파노라믹 디자인
- ■ 다양성
- - 광장 자체는 텅 비어 있어 '공허'를 나타내지만, 시간대에 따라 바닥 마감재, 형광등이 새로운 모습을 자아냄

3. 지구 재생의 특징과 효과

■ 과거와의 결합
- 허물지 않은 구시청사와의 결합을 통하여 과거 전통을 되살리며, 동시에 독특한 구조로 로테르담의 랜드마크로 등극함
- 기존 시청사의 업무를 1~2층에서 처리함과 동시에 상층부는 주거지로 이용하면서, 유동 인구 및 출퇴근에 유용함
- 주변 지역보다 높은 사각형 표면은 '도시의 무대'라는 별칭에 걸맞게 도시의 스카이라인과 주민들이 '관객'이 되도록 축제 및 시설물들을 설치함

• 스하우뷔르흐플레인 광장 조형물

로테르담의 주요 랜드마크

13. 티메르 하위스
시청사와 주거 공간을 결합하여 주거 문제를 해결

1. 프로젝트 개요

- Timmerhuis. 주변 도심 환경과의 연계성 강화와 공간 프로그램의 차별성, 지속가능한 디자인에 대한 적극적 시도로 도심지 공동화와 주거 부족 문제를 해결함
- 셀 구조의 조합을 통해 만들어진 효율성과 다양성, 녹색 테라스와 온도 조절용 아트리움, 삼중 유리 컨트월 등을 통해 에너지 효율성 상승
- 주거 공간(84세대)과 공공시설을 합친 건물로, 스타츠티메르하위스(Stadstimmerhuis)는 1953년 시립 기념물의 새로운 복원 형식으로 2015년 12월 완공됨

2. 개발 경과 및 내용

- 네덜란드 중앙 정부가 시행한 '로테르담 복구 프로젝트'의 일환
- 2개의 불규칙한 봉우리 형태로 반복되는 모듈식 건물로 설계함

13. 티메르 하위스

• 티메르하위스 외관

■ 지속가능성
- OMA가 내세웠던 가장 큰 전제는 1953의 구 시청과 어울릴 수 있는 '지속가능한' 디자인. 두 개의 커다란 아트리움을 통하여 지속가능성의 문제를 해결했으며, 아트리움을 통하여 여름·겨울 각각 공기를 자유로이 방출하는 시스템
- 3중 유리 커튼을 사용하고 하이테크 반투명 단열재를 이용하여 에너지 효율성을 높일 수 있음

구분	내용
위치	Halvemaanpassage 1, 3011 AH Rotterdam, 네덜란드
시행 면적	45,000m²
설계	OMA
추진 일정	2009~2015년
용도	공공시설과 주거 시설의 결합
특징	- 과거 구 시청 건물과 결합된 주거 단지로서, 하부 50%는 시의회 업무를 보는 공공기관 집무실과 개별 사무실 등으로 사용 - 작은 셀 구성을 통하여 모던한 느낌을 내세웠으며, 로테르담 복구 프로젝트의 중심 - 과거 시청 청사에 쓰이던 조형물들이 배치되어 있어 역사를 보여 줌

❻ 로테르담의 주요 랜드마크

• 티메르하위스와 로테르담 박물관

• 티메르 하위스 주거 구역

• 티메르 하위스 로비 전시장 및 카페

3. 지구 재생의 특징과 효과

■ 과거와의 결합
- 허물지 않은 구 시청사와의 결합을 통하여 과거의 전통을 되살리며 동시에 독특한 구조로 로테르담의 랜드마크로 등극함
- 기존 시청사의 업무를 1~2층에서 처리함과 동시에 상층부는 주거지로 이용하여 유동 인구 및 출퇴근에 유용

로테르담의 주요 랜드마크

14. 더 흐루너 카프
녹색 정원으로 연결한 친환경 주상복합 프로젝트

1. 프로젝트 개요

■ De Groene Kaap. 과거 산업, 항만 및 열악한 주거 단지 부지를 혁신적으로 통합하여 활기차고 지속가능한 생활 환경을 조성한 프로젝트. 가족, 싱글 및 노인 등이 거주할 수 있는 450채의 다양한 주거지를 마련하고, 정원, 오피스 및 상업 단지를 구성한 친환경 주상 복합 재생 사례로 2021년에 완공됨

• 더 흐루너 카프

- 4개의 주거 블록과 5개의 타워 건물에 걸쳐 450개의 주택이 있는 로테르담 주거 복합 단지로 녹색 네트워크로 연결하여 전체 옥상 표면의 80%를 녹지로 조성함
- 건축 개요

구분	내용
위치	Brede Hilledijk 180, 3072 AE Rotterdam, 네덜란드
면적	34,000m²
건축가	Bureau Massa
시행사	Stebru
추진 일정	2016~2021년
용도	주거, 상업, 오피스, 7,500 m²의 옥상 녹지 공간

2. 개발 특성

- 더 흐루너 카프는 남녀노소, 가족, 커플 및 독신 등 모든 연령대의 다양한 생활 스타일과 가족 구조를 수용할 수 있도록 설계됨
  - 스튜디오 아파트(약 40~50m²), 1베드룸 아파트(약 50~70m²), 2베드룸 아파트(약 70~90m²), 3베드룸 아파트(약 90~120m²), 펜트하우스(120m² 이상)
- 각 아파트는 현대적인 인테리어와 최신 설비를 갖추고 있으며 대부분의 주택은 자연광을 최대한 활용할 수 있도록 설계되었으며 많은 아파트가 정원이나 옥상 정원과 직접 연결되어 있어 거주자들이 자연과 가까운 생활을 할 수 있으며 각 건물 내에 상점, 카페, 레스토랑 등의 편의 시설이 마련되어 있음

❻ 로테르담의 주요 랜드마크

• 더 흐루너 카프의 옥상 정원

15. 리틀 C, 콜하번

과거 산업 중심지였던 콜하번 재생 프로젝트

1. 프로젝트 개요

- Little C, Coolhaven. 로테르담의 콜하번에 위치한 15개의 현대적인 주거 및 상업 건물로 구성된 리틀 C는 ERA 콘투어(Contour)와 J. P. 판 에이스테런(J. P. van Eesteren)이 퀼트(CULD)와 협력하여 설계하고 2018년 착공하여 2021년에 완공되었으며 도심 속에서 사람들이 거주하고, 일하고, 즐길 수 있는 다목적 커뮤니티를 조성하는 것에 목표를 두고 있음

    ※ 퀼트(CULD, Complex Urban Landscape Design): 유를링크(Juurlink), 헬뢱(Geluk), 스페이커르(Spijker)의 합작투자로 운영되는 유럽의 건축 및 조경 디자인 회사

- 콜하번 지역은 산업 및 항만 구역으로 알려져 있었으나 산업 구조의 변화와 도시 인구의 증가로 도시 재생 프로젝트가 시작되었으며 해안가와 스-흐라벤데이크발('s-Gravendijkwal)의 터널 사이에 지어진 330채의 로프트 주택, 사무실 및 케이터링이 있는 새로운 지역으로 재탄생함
- 다양한 형태와 모듈식 디자인으로 구성된 건축물은 같은 재료를 사용하여 전체 단지의 미적 통일성을 유지하고 전체적인 조화를 이루며 예술가 뤼트-얀 코커(Ruud-Jan Kokke)가 설계한 철제 울타리, 다리, 비상 계단은 리틀 C만의 독특한 외관을 완성시킴

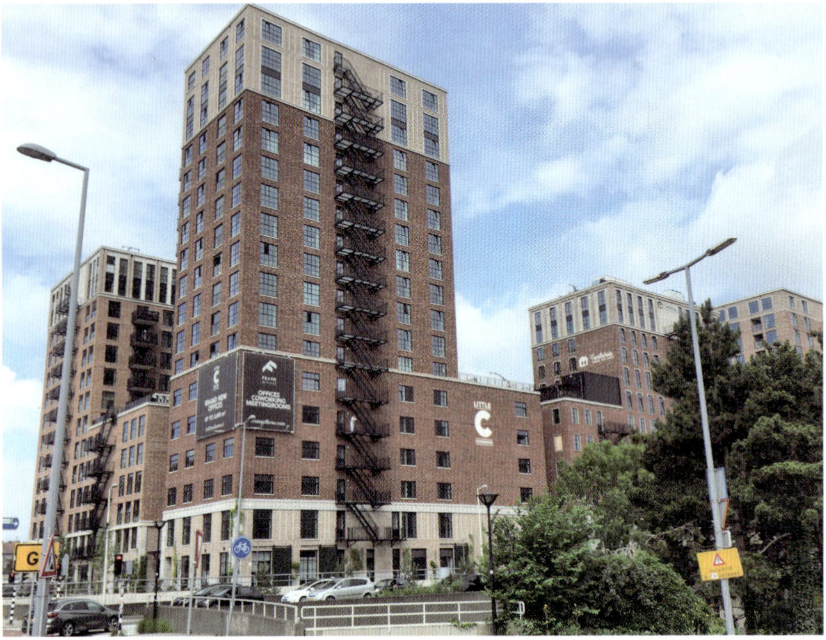
BRAND NEW OFFICES
OFFICES COWORKING MEETINGROOMS
LITTLE
C

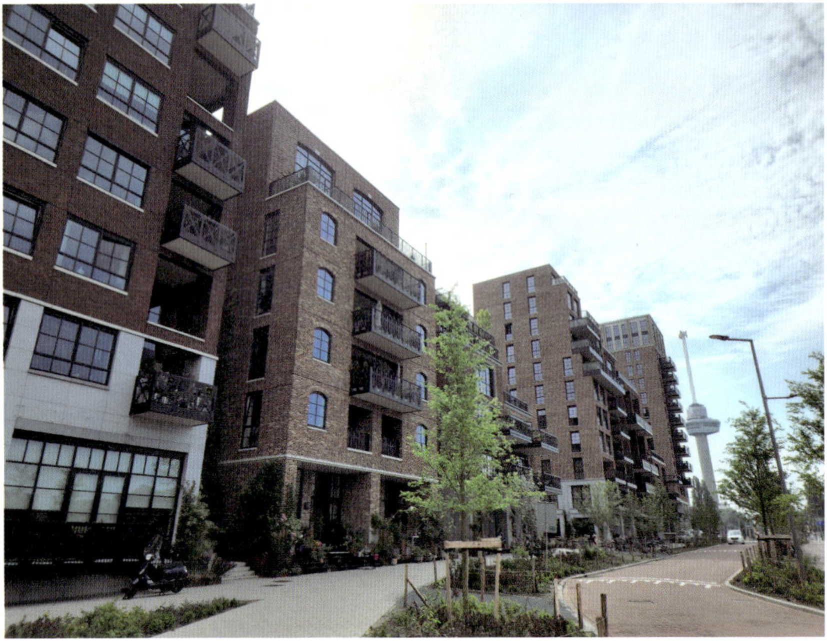

15. 리틀 C, 콜하번

• 리틀 C, 콜하번

16. 베스칭얼 조각길

쇠퇴된 지역을 아트 공공 공간으로 재생

1. 프로젝트 개요

- Westsingel Sculpture Route. 쇠퇴된 지역을 아트 공공 공간으로 재생시킨 모범 사례. 과거 쇠퇴한 어둡고 열악한 지역으로 범죄와 치안 문제가 발생한 곳에 야외 조형물을 설치하여 지역을 활성화시킨 사례
- 차이나 타운과 뮤지엄와티어(Museumkwartier) 극장 사이를 흐르는 베스칭얼 운하를 따라 생긴 베스칭얼 조각길(Westersingel Sculpture Route)은 로테르담 국제 조각 컬렉션에서 다양한 예술 작품을 전시함
- 길에는 로댕, 카렐 비서, 조엘 샤피로, 움베르토 마스트, 로이 아니 등 17명의 작품이 전시되어 있음

16. 베스칭얼 조각길

• 베스칭얼 조각길

• 조각길을 따라 자전거를 타는 사람들

❻ 로테르담의 주요 랜드마크

• 베스칭얼 조각길에 서 있는 조각상

로테르담의 주요 랜드마크

17. 블락 31
어긋난 회전형의 감각적 건물

1. 프로젝트 개요

- Blaak 31. 로테르담 중심에 위치해 있으며, 마르크트할 바로 옆에 위치함
- KCAP가 설계함. 11층으로 구성되어 3층마다 2.7m씩 서로 회전함
- 인테리어는 NWW(New Ways of Working)라는 개념에 맞추어 아트리움과 폭포형의 계단이 결합된 개방형 구조

• 블락 31 외관

⑥ 로테르담의 주요 랜드마크

구분	내용
위치	3011 GA Rotterdam, 네덜란드
시행 면적	23,000m²
시행사	KCAP
추진 일정	2007~2010년
용도	사무 용도로 건축
특징	- 3층마다 2.7m 비틀어져 있으며, 이는 바로 옆의 마르크트할과 최소한의 개인 사생활 보호를 위해서임 - 법률회사 로이언스 앤드 루프(Loyens & Loeff)를 포함한 비즈니스 센터 역할 - 유리로 이루어져 사물실 내부에 많은 빛을 제공하며, 외부에서 볼 때 강철 프레임 워크가 강한 인상을 줌

2. 개발 경과

■ 지역의 활기를 불어넣기 위한 재건축 사업으로 프로바스트(PROVAST) 개발자의 의뢰로 KCAP에서 법률 회사인 로이언스 앤드 루프 및 다양한 비즈니스 사무실 건물을 설계함

3. 개발 내용

■ NWW(New Ways of Working)
- '능동적, 능률적, 유동성'이라는 3가지 콘셉트로 다양한 사무 환경과 연관지어 사무 구조에 필요 없는 장벽들을 제거하는 새로운 형식의 사무 환경
- 내부 인테리어의 경우, 아트리움과 폭포형의 계단을 통한 개방형 구조로 실제 사무 공간 내의 많은 장벽을 제거함

17. 블락 31

• 블락 31의 어긋난 형태의 외관

• 블락 31 내부 공간

출처: kcap.eu

18. 빌렘스워프
하얀 폭포를 연상시키는 빌딩

1. 프로젝트 개요

- Wilemswerf. 건축가 빔 크비스트(Wim Quist)가 설계한 빌딩. '폭포'의 형상을 한 모습으로 콘크리트와 하얀 세라믹 타일로 구성됨
- 폭 100m, 높이 90m로 상당히 거대한 건물이며, 건물의 외관은 몸체의 대각선 커팅(cutting) 구조로 구성됨. 3만 7,000m², 1984~1988년
- 2004년까지 로열 네들로이트(Nedlloyd)의 본부였으나 덴마크의 마르스크(Maersk)에서 인수한 이후 건물 우측 상단 부분에 파란색 배경에 흰색의 7개의 별이 그려짐
- 에라스무스 다리와 함께 성룡의 영화 〈후 엠 아이?〉의 배경으로 등장함

18. 빌렘스워프

• 빌렘스워프 외관

• 빌렘스워프 내부 다목적 로비

출처: powerhouse-company.com

로테르담의 주요 랜드마크

• 빌렘스워프 내부 다목적 공간

출처: regus.co.nz

로테르담의 주요 랜드마크

19. 칼립소 로테르담
화려한 외관이 특징인 로테르담의 핵심 건물

1. 프로젝트 개요

- Calypso Rotterdam. 로테르담 중앙역 부근에 위치한 칼립소는 빌 아르츠(Wiel Arets)와 아틀리에 프로(Atelier PRO)가 설계했으며 도시 재생 프로젝트의 일환으로 2013년에 지어져 현재는 주거 및 상업 용도로 사용되고 있음
- 화려한 외관으로 유명한 칼립소는 다양한 색상의 패널로 구성된 다채로운 외관과 유리와 금속을 사용한 세련된 디자인, 독특한 곡선형 구조로 로테르담의 현대적이고 화려한 도시 풍경을 더욱 돋보이게 함
- 건물 내에는 펜트하우스를 포함한 약 407개의 고급 주거 공간과 하층에 위치한 상점, 레스토랑, 카페 등 다양한 상업 시설, 피트니스 센터, 스파 및 웰빙 시설, 문화 및 커뮤니티 공간 등의 편의 시설이 있어 입주민들에게 최상의 생활 환경을 제공해 줌
- 로테르담의 중심부에 위치해 있어 접근이 용이하며 독특하고도 차별화된 건축 디자인으로 도시의 대표적인 랜드마크로 자리 잡고 있음

❻ 로테르담의 주요 랜드마크

• 칼립소 전경

• 폭포의 자연 이미지 벽화를 활용한 칼립소 외관

로테르담의 주요 랜드마크

20. 네덜란드 사진 박물관
역사, 사회, 문화적 이미지를 소유한 박물관

1. 프로젝트 개요

- Netherlands Fotomuseum. 20~21세기의 네덜란드뿐만 아니라 다른 지역의 역사, 사회, 문화적 이미지를 소유한 박물관
- 네덜란드 사진가가 촬영한 이미지 150개 아카이브(300만 점 이상의 작품)를 소유하고 관리함
- 12만 개의 디지털 이미지 라이브러리를 소유하고 있으며, 단편 영화 시청 및 교육 활동에 참여할 수 있음

2. 개발 경과

- 1989년 정부의 보조를 받아 네덜란즈 포토 아르히프(Nederlands Foto Archief)라는 이름으로 설립됨
- 2003년 네덜란드 변호사 헤인 베르트헤이머르(Hein Wertheimer)의 기부금을 통해 네덜란드 사진 재단(NFI, Nederlands Foto Instituut)과 네덜란드 사진 아틀리에(Nederlands Fotoarchie Atelier)를 통합하여 현재의 이름으로 변경됨

❻ 로테르담의 주요 랜드마크

• 네덜란드 사진 박물관 전경

• 네덜란드 사진 박물관 내부 전시장

출처: 플리커 – Oscar Anjewierden

20. 네덜란드 사진 박물관

• 사진 박물관 내 전시품

출처: 플리커 – FaceMePLS

21. 로테르담의 기타 건물들
로테르담의 특이한 건물들

1. 스테딘(Stedin)

- 네덜란드 다국적 인적 자원 컨설팅 회사인 란츠타트 홀딩스(Randstad Holdings)를 메인으로 운영하는 지역 네트워크 사업자로, 약 200만 가구와 산업 고객들에게 전기와 가스 운송을 담당하고 있음
- 4대 주요 도시 중 헤이그, 위트레흐트, 로테르담과 로테르담 항구까지 약 4만 개에 이르는 연결망 보유
- 전기, 가스뿐만 아니라 이산화탄소, 지열, 증기 등의 운송 네트워크 보유
- 2008년 기존의 모회사에서 분리되어 독립한 후 이전에 취약했던 분야인 가스 화력 발전소, 풍력 발전소를 정리함. 2017년 기준 약 10억 유로의 매출액을 기록함
- 스테딘 그룹은 기존의 모회사에서 독립한 스테딘 넷베헤이르(Stedin Netbeheer)와 비규제 인프라 기업 야울스(Joulz)로 구성됨

• 스테딘 외관

- ■ 기존에 에네코(Eneco)라는 네트워크 기업이었으나, 네덜란드 독립 네트워크 관리법(Independent Network Management Act, WON)에 따라 2011년부터 다양한 네트워크 관리 활동을 별도의 회사로 분리할 의무가 있었음
- ■ 이로 인해 2008년 7월 1일 에네코 내 네트워크 회사의 상당 부분이 분할되어 네트워크 회사인 에네코 넷베헤이르(Eneco NetBeheer)는 스테딘이라는 새로운 명칭으로 변경됨

2. TK Maxx

- ■ 미국 매사추세츠 주에 본사를 둔 미국 의류 및 가정 용품 회사 TJX Companies의 자회사로, 영국, 호주, 아일랜드, 독일, 오스트리아, 네덜란드 전역에서 운영되며, 유럽 내 약 500개 매장이 있음

■ 미국에서의 명칭은 TJ Maxx이나, 1994년 영국 진출 당시 영국 기반 할인 백화점 체인인 TJ Hughes와의 혼동을 피하기 위해 TK Maxx라는 명칭으로 유럽 진출

• TK Maxx 외관

■ 2007~2008년 영국에서 오래된 도심 상점을 개조하여 이전하는 데 중점을 두어 개발한 결과 더 넓은 제품 범위를 다루는 대형 백화점 형식으로 변모함
■ 영국에서 캠페인을 운영하여(Give Up Clothes For Good) 사람들이 기증하는 옷을 영국 암 센터에 기증하기도 하고, 아일랜드의 장애 아동에게 무료 서비스를 제공하는 자선 단체(Enable Ireland)를 지원하는 등 자선 사업도 활발히 하고 있음

도시의 얼굴 - 암스테르담·로테르담

7

로테르담의 주요 명소

1. 더 폿 보이만스 판 뵈닝언 미술관 수장고와 로테르담 박물관 공원

공유, 참여, 소통의 세계 최초 개방형 미술관 수장고와 박물관 공원

1. 개요

- ■ De Pot Boymans-Van Beuningen Museum. 네덜란드 대표 미술관인 보이만스 판 뵈닝언 미술관의 수장고는 높이 39.5m, 지상 6개 층의 타원형 건물로 반 고흐, 리어노러 캐링턴(Leonora Carrington)의 작품 등 172년간 수집한 약 15만 1,000점의 작품들을 공개하는 세계 최초의 개방형 수장고
- - 일반인에게 미술 작품들의 보존, 복원 및 운반 과정을 실시간으로 공개하며 미술관 전시 운영을 체험하는 개방형 수장고로 2021년 11월 개관함
- ■ 일반인들에게 예술에 대한 관심과 저장, 복원에 대해 교육하기 위한 목적으로 관람객이 가까운 곳에서 작품을 감상할 수 있도록 MVRDV가 설계함. 총 5개 층의 수장고, 디지털 라이브러리 부스와 개인 소장품 대여 공간이 있고, 1층에 입구 및 상업 시설이 있으며, 옥상에 레스토랑, 문화 공연장, 루프탑 전망대가 있음

1. 더 폿 보이만스 판 뵈닝언 미술관 수장고와 로테르담 박물관 공원

■ 건축 개요

구분	내용
위치	Museumpark 24, 3015 CX Rotterdam, Netherland
예산	9,400만 유로
제원	바닥 면적 15,541m², 높이 39.5m
건축가	MVRDV
시행사	BAM
추진 일정	2017년 3월~2021년 11월
용도	작품 수장고, 상업 판매 시설, 레스토랑, 옥상 루프탑 전망대·사무실
특징	- 항아리 모양의 타원형 건물로 각 층마다 너비를 다르게 설정함 - 건물 외관에 총 1,664개의 미러 패널 부착 - 지붕 녹지화와 열린 공유 공간 조성 및 로테르담시의 경관과 이루는 조화 - 보이만스 판 뵈닝언 미술관, 로테르담 시청, 더 페러 베르헌 재단(De Verre Bergen Foundation)의 상호 협력 및 후원하에 진행됨

269

2. 개발 목적 및 경과

- 보이만스 판 뵈닝언 미술관은 1849년 세워져 약 170여 년 동안 1,700여 명 컬렉터의 작품 기부를 통해 방대한 컬렉션을 갖춘 네덜란드를 대표하는 대규모 미술관임
- 15만 점 이상의 작품 중 약 7~8%만 전시되고 나머지 다수 작품들은 장기 보관을 위해 지하실에 배치했으나 인근 니우어 마스(Nieuwe Maas)강의 범람, 홍수 등의 피해에 노출될 우려가 있어 새로운 지상 수장고의 필요성이 제기됨
- 더 폿 보이만스 판 뵈닝언 미술관 수장고는 2013년 세계적인 건축사무소 MVRDV가 설계 공모전에서 당선되어 2021년 완공
- MVRDV는 건물에 거울 유리로 덮인 사발 모양의 형태를 부여하고 지붕은 나무로 가득 찬 정원으로 구성하며 내부에는 저장 공간과 복원 스튜디오 및 갤러리가 복합적으로 결합되어 있는 구조를 제안함
- MVRDV 공동 설립자인 비니 마스(Winy Maas)는 방문객들이 수장고 내 인테리어와 옥상 숲을 감상하고 큐레이터의 중재 없이 예술 작품을 직접 경험할 수 있도록 공간을 설계했다고 함

3. 건축 내용

- 외관
- '항아리'를 뜻하는 네덜란드어 단어인 '더 폿(De Pot=the pot)'이라는 건물 이름과 같이 거대한 항아리를 연상시키는 파격적인 형태의 외형으로 시선을 강하게 사로잡음

1. 더 폿 보이만스 판 뵈닝언 미술관 수장고와 로테르담 박물관 공원

- 총 7층의 각 층마다 너비를 서로 다르게 설정하여 1층의 지름은 약 40m, 꼭대기 층의 지름은 약 60m에 달하며 둥그런 냄비 모양을 유지함
- 수장고 외벽에는 전체 면적 6,609m²의 총 1,664개 미러 글래스 패널이 부착되어 있어, 인근 미술관, 공원 경치 등을 거울처럼 비춤. 거기서 반사되는 파사드는 지나가는 사람들, 박물관 공원의 녹음 우거진 부지, 구름, 로테르담의 역동적인 도시 스카이라인 등 주변의 모든 것을 건물과 하나의 공간으로 융합함
- 이웃해 있는 미술관보다 더 높지 않으면서도 더 크게 보이지 않도록 세심하게 설계하여 강한 존재감에도 불구하고 기존의 미술관과 조화롭게 어울림
  ■ 건물 내부 특징
- 총 7층으로 구성되어 있으며 1층 입구 층과 꼭대기 루프탑을 제외한 5개 층에 수장고와 갤러리가 있음
- 각 층의 십자형 계단과 연결되어 있는 40m 높이의 중앙 아트리움이 있어 넓은 개방감을 주며 이 아트리움은 마리커 판 디먼(marieke van diemen)이 디자

인한 13개의 플로팅 유리 진열장 속 예술 작품들과 아름답게 조화를 이루고 있음

- 대부분의 박물관이 작품들을 미술사의 시대별로 전시하는 것과 달리 보관 온도, 습도 등 보관 작품의 성격에 따라 5종류(금속, 플라스틱, 유기, 무기, 사진과 같은 다양한 재료 등)로 분류 보관하고 전시함

    ※ 미술 컬렉션을 보관하는 방법으로 공기가 지나치게 춥거나 따뜻하거나 습하거나 건조하지 않은 특정 기후 조건을 요구하기 때문

- 예술가이자 건축가인 존 쾨르멜링(john körmeling)은 1층의 현관 조명과 인테리어를 디자인함

- 지상 35m 높이의 녹지 지붕 테라스에서는 로테르담의 도시 경관을 한눈에 내려다 볼 수 있으며, 레스토랑과 문화 공연장이 있고, 75그루의 자작나무가 있어 또 다른 공공 명소를 제공함

- 지붕에는 태양광 및 빗물을 저장할 수 있는 패널을 설치하고, 지하에는 열 저장 시설을 통해 30~40%의 에너지를 절약함

4. 로테르담 박물관 공원

- ■ Museum Park. 로테르담의 문화 예술 집결지로 넓게 조성된 공원과 공공 공간 안에 다양한 문화 예술 기관이 자리 잡고 있으며 많은 갤러리와 조형 설치물들이 있음
- ■ HNI(Het Nieuwe Institute), 로테르담 자연사 박물관(Natuurhisorisch Museum Rotterdam), 보이만스 판 뵈닝언 미술관, 더 폿 보이만스 판 뵈닝언 미술관 수장고, 퀸스트할(Kunsthal) 미술관 등의 문화 예술 기관이 자리잡고 있음
- ■ 많은 시민 및 관광객들이 저녁 시간 및 여가 시간의 휴식처로 사용함
- ■ 주요 시설
- ① HNI(Het Nieuwe Institute)
- 네덜란드 건축 센터 건축물로 1993년 요 쿠넌(Jo Coenen)이 설계함
- 중요한 건축 기록과 소장품을 보유하고 있으며 아카이브 및 연구 시설을 제공함
- 세계에서 가장 많은 건축 소장품을 보관하고 있는 기관 중 하나
- ② 로테르담 자연사 박물관(Natuurhisorisch Museum Rotterdam)
- 1852년 지어진 데이크지흐트 저택(Villa Dijkzigt)를 개조하여 1987년부터 박물관으로 사용하고 있음
- 1927년 설립된 자연사박물관 재단이 운영하고 있으며 한해 약 4만 명의 관람객이 이용하는 박물관
- ③ 보이만스 판 뵈닝언 미술관
- Boijmans van Beuningen Museum. 중세시대의 작품부터 현대의 서양 미술에 대한 포괄적인 연구와 전시가 이루어지며 약 5만 점이 넘는 작품들을 소

장하고 있으며 1,700명의 개인 수집가들이 기부했음
- 1849년 개관했으며 프란스 보이만스(Frans Boijmans)와 다니엘 헤오르허 판 뵈닝언(Daniel George van Beuningen)의 이름을 따 만들어짐
- 대표적인 작품으로는 피테르 브뤼헐(Piter Bruegel)의 〈바벨탑(The Tower of Babel)〉과 위호 론디오너(Ugo Rondione)의 〈고독의 단어(Vocabulary of Solitude)〉가 있음
- 기증받은 컬렉션들은 판 에이크(Van Eyck), 렘브란트 판 레인(Rembrandt Harmenszoon van Rijn), 클로드 모네(Claude Monet), 폴 세잔(Paul Cezanne) 등 다양한 인상파, 추상주의 작품, 현대 팝아트 등 시대와 유형을 가리지 않음
- 건물의 노후화, 누수 등으로 박물관의 재보수를 결정하여 2029년 재오픈할 예정이며 그동안 컬렉션들은 더 폿 보이만스 판 뵈닝언 미술관 수장고 및 타 박물관, 타국의 박물관에서 이전 전시될 예정

• 보이만스 판 뵈닝언 미술관

④ 로테르담 퀸스트할 미술관
- Rotterdam Kunsthal. 1992년에 로테르담의 박물관 공원에 지어진 현대 미술관으로 유명 건축가 렘 콜하스(Rem Koolhaas)와 OMA(Office for Metropolitan Architecture)가 설계한 독특한 디자인과 다양한 전시 공간에서 진행되는 혁신적인 전시로 유명함
- 1988년부터 1989까지 진행된 퀸스트할 건설 프로젝트는 독창적인 입구 위치와 가파른 경사로, 유리와 금속 등 혁신적인 재료를 사용하여 건물 내외부의 경계를 흐리게 하고, 개방감과 투명성을 강조한 건축 디자인으로 건물 자체가 작품이라는 평가를 받고 있으며 현재까지도 국제적인 관심을 끌고 있음
- 연간 약 25개의 다양한 전시를 진행하는 퀸스트할은 현대 미술과 잊혀진 문화, 사진, 패션, 디자인 등 다양한 장르의 작품을 선보이며 전시는 테마별로 구성되어 독특한 관람 경험을 제공함

• 로테르담 퀸스트할 미술관

로테르담의 주요 명소

2. 로테르담 시청사
20세기 건축 양식이 보존되어 있는 시청사

- Stadhuis Rotterdam. 1914~1920년에 지어진 건물로 헨리 에버르스(Henri Evers) 교수가 설계했으며 1940년 제2차 세계대전 당시 폭격에서 파손이 없었던 건물 중 하나
- 1915년 빌헬미나 여왕이 초석을 놓음
- 비잔틴, 로마, 아르데코 형식의 영향을 받은 건축물로 현재 시청은 티메르하위스로 이동했음
- 1997년부터 국립 기념물로 지정되었으며 시계탑은 71m의 높이에 달하고 시계탑의 꼭대기에 있는 황금 평화 천사상은 요한 켈러르(Johan Keller)가 조각함
- 11개의 메달이 시청 정면에 있는데 이것은 람베르튀스 프란시스퀴스 에데마 판 데르튀크(Lambertus Franciscus Edema van der Tuuk)가 조각한 것이며 좌측에 달린 3개의 메달에는 3개의 미덕이 적혀 있는데, 각각 '용기(Fortitudo)', '상호 신뢰(Mutua Fides)', '형제애(Fraternitas)'를 뜻함
- 중앙에는 로테르담의 문화를 융성케 한 3명의 인물 이미지가 있는데 각각 동인도회사의 요하네스 판 데르 페이컨(Johannes van der Veeken), 철학자 데시데리우스 에라스무스, 화가 피터르 더 호흐(Pieter de Hooch)임

2. 로테르담 시청사

• 로테르담 시청사

• 로테르담 시청사 시계탑의 황금 천사상*

3. 에라스무스 대학

유럽 최우수 경영, 인문학 대학

- Erasmus University. 15세기 신학자이자 인문학자인 데시데리우스 에라스무스의 이름을 따서 설립한 대학교로 총 4개 분야, 7개의 학부로 구성됨
- 특히 경제 경영 분야가 유명한데 노벨 경제학을 수상한 얀 틴베르헌(Jan Tinbergen)을 배출했으며 2017년 QS세계대학 랭킹에서 의료분야 51위, 사회과학 및 경영 분야 42위를 달성함
- 에라스무스 대학 병원(Erasmus MC)은 네덜란드에서 가장 큰 병원 중 하나이며 네덜란드에서 가장 큰 트라우마 치료 센터가 있음
- 2019 US NEWS & WORLD REPORT 선정 세계 대학 랭킹에서 경제와 경영 부문 세계 14위를 기록함

3. 에라스무스 대학

• 에라스무스 대학

• 에라스무스 대학 외관

❼ 로테르담의 주요 명소

• 로테르담 신학자 데시데리우스 에라스무스

4. 코다르츠 예술 대학
미술 아카데미 및 음악 콘서트 복합관

1) 코다르츠 예술 대학(Codarts University for the Arts)
- 2000년도에 설립된 네덜란드 직업 대학으로, 음악, 무용 및 서커스 교육
- 로테르담 음악원, 댄스 아카데미, 서커스 아트 세 부문으로 구성되어 있으며, 900명 이상의 학생들이 있는 네덜란드의 가장 큰 음악원 중 하나
  - 로테르담 음악원에서는 연주, 작곡, 아르헨티나 탱고 음악, 라틴 재즈, 브라질, 터키 음악, 클래식 등 다양한 분야에서 학사 학위 취득 가능
  - 댄스 아카데미에서는 댄서 교육 및 공연, 투어 출연을 준비, 유명 댄스 회사와 인턴십을 통해 실질적인 경험을 얻도록 도우며 다른 유럽 및 미국 댄스 학교와의 학생 교환 프로그램 진행
  - 서커스 예술 학교는 2006년 개설되어 현대 및 전통 서커스, 버라이어티 쇼 또는 지역 극장에서 경력을 쌓도록 학생들을 교육함. 전문적인 경력을 쌓기 위해 기술뿐만 아니라 춤, 드라마 등도 가르치고 있음
- 음악 및 무용 고등학교(Havo voor Muziek en Dans)도 함께 운영함. 음악과 무용이 매일 교과 과정의 일부인 중등학교 교육을 제공함(단, 졸업생도 입학 시험 통과 후 대학 진학 가능)

• 코다르츠 예술 대학

2) 더 둘런(De Doelen)

- 로테르담에 위치한 콘서트홀 및 컨벤션 센터로, 2015년 네덜란드 국립 문화 유산(Rijksmonument)으로 분류됨
- 클래식 음악을 위한 장소로 주로 알려져 있으나, 재즈, 세계의 음악과 로테르담 국제 영화제의 중앙 박스 오피스 무대로 활용되기도 하며, 로테르담 필하모닉 오케스트라가 시작된 곳이기도 함
- 그랜드 홀, 2,200석 규모의 콘서트 홀, 각 700명 규모의 작은 홀 2개, 컨벤션 룸 등 다양한 시설을 갖추고 있음
- 첫 건물은 1934년에 지어졌으나, 1940년 5월 독일의 로테르담 폭격으로 제2차 세계대전이 시작될 당시 파괴됨
- 1966년 재건축이 이루어졌으며, 1990년대에 2개의 홀을 추가 건설함

4. 코다르츠 예술 대학

• 더 둘런 입구

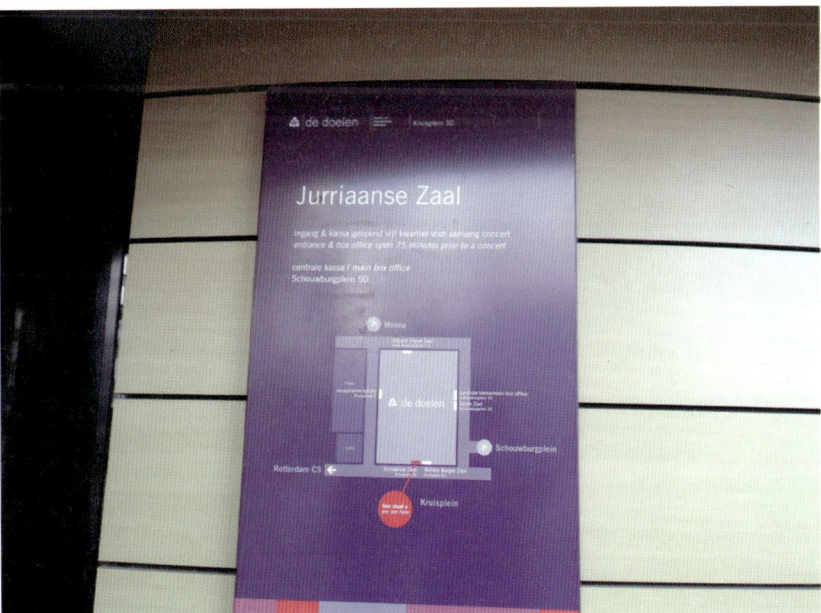

• 더 둘런 안내도

⑦ 로테르담의 주요 명소

• 더 둘런 내부 콘서트홀*

5. 비터 더 비츠트라트
불법 도박장과 카페를 아름다운 골목으로 활성화

- Witte de Withstraat. 1970년대 거리에 많은 불법 도박장과 카페들이 난무하여 지역 평판과 질이 매우 좋지 않은 편에 속했음
- 1990년대부터 로테르담 박물관 공원과 마리티머(Maritime) 박물관이 들어서면서 거리의 모습이 바뀌기 시작함
- 현재는 카페, 레스토랑, 아트갤러리 등이 있는 야간 유흥가이며 길이는 320m
- 매년 3월 박물관의 밤(Museumnacht) 축제를 개최함

• 비터 더 비츠트라트 입구

❼ 로테르담의 주요 명소

• 비터 더 비츠트라트 내부 길거리

• 비터 더 비츠트라트 카페 거리

6. 플로팅 파빌리온
미래 도시 형태를 나타낸 로테르담의 떠다니는 건축물

- Floating Pavilion. 레인하번(Rijnhaven)에 위치한 반원형 건축물로 3개의 반원이 이어져 있으며 가장 큰 반원의 높이는 12m에 달함
- 2006년 로이얼 하스코닝(Royal Haskoning)이 주최한 로이얼 하스코닝 국제 델타 대회(Royal Haskoning Internation Delta Competion)에서 델프트 대학의 학생들이 에이 호수에 떠 있는 도시에 대한 디자인과 개발을 구상한 것을 시초로 함
- 로테르담시의 도움으로 상하이 엑스포에 참여하게 된 이후 로테르담에 최초로 설치하기로 함
- 로테르담시에서 기후 변화로 인한 해수면의 변화 등에 대한 행동으로 떠다니는 도시화라는 개념의 콘셉트로 도입함
- ETFE 재질을 이용하여 3개 층을 이뤄 돔을 구성하고 사이에 저압의 공기를 주입하여 단열 및 풍랑의 하중 효과를 얻음
- 친환경적인 공법으로 만들어져 일반적인 구조물을 건설하는 데 배출되는 이산화탄소의 양을 약 60% 정도만 배출했으며 2030년까지 50%로 줄이는 것을 목표로 하고 있음

❼ 로테르담의 주요 명소

• 플로팅 파빌리온 외관   출처: www.shutterstock.com

• 플로팅 파빌리온 건축 당시 뼈대   출처: FLOATING PAVILION information brochure

6. 플로팅 파빌리온

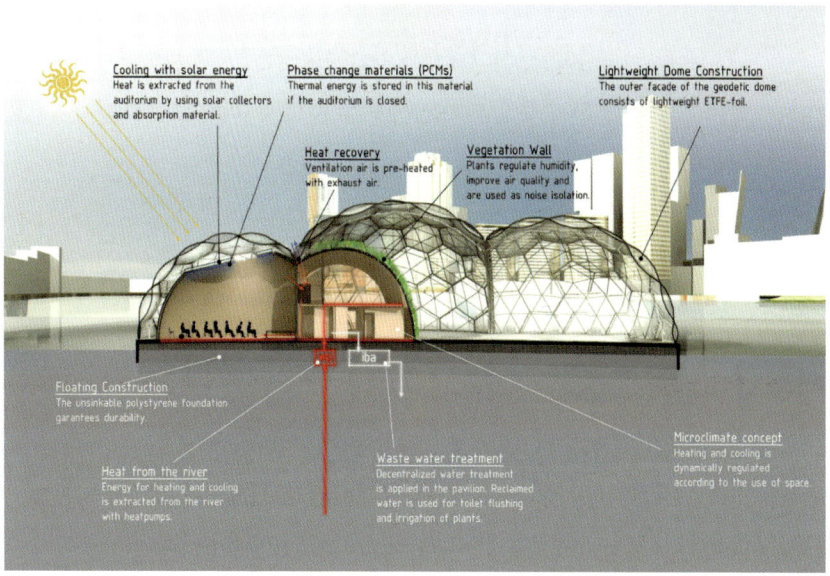

• 플로팅 파빌리온 내부도

출처: FLOATING PAVILION information brochure

로테르담의 주요 명소

7. 호텔 뉴욕
과거 해운 회사였던 건물을 호텔로

- Hotel New York. 1901년 '홀란트-아메리카 레인(Holland-Amerika lijn)'의 본부로 사용되었으며 뉴욕과 로테르담의 배를 운항하던 회사였음
- 당시에 현재 호텔 건물 옆에서 배가 출항했으며 많은 유럽의 이민자들이 이곳을 통하여 미국으로 이민을 갔음
- 1971년 마지막 항해 이후 1990년까지 빌딩은 빈 채로 남아 있었으나 1996년 에라스무스 다리가 완공된 이후 콥 판 자위트로 바뀌는 과정에서 클래식 빈티지의 상징이 됨
- 현재는 300개의 방을 가진 호텔로 바뀌었으며 과거의 호텔 뉴욕은 로테르담의 수상택시를 설립했기에 호텔 주변에서 수상택시를 쉽게 볼 수 있음

• 호텔 뉴욕 외관

7. 호텔 뉴욕

• 호텔 뉴욕 정면

• 호텔 뉴욕 내부

8. 킨더다이크
유네스코 세계유산에 등재된 아름다운 풍차마을

- Kinderdjik. 킨더다이크는 네덜란드어로 '어린이의 둑'이란 뜻으로 1412년 11월 발생한 대규모 홍수에 10개의 도시가 물에 잠겼는데, 이때 요람에 싸인 어린아이가 물 위를 떠다니다 둑 위에 얹혔던 곳이 킨더다이크임
- 이곳 사람들은 홍수로 인한 피해를 최소화하기 위하여 15세기경 물레방아를 발명했고 이를 통해 17세기 초 시몬 스테빈이 여러 개의 풍차를 나란히 건설함
- 수년간 풍차가 세워졌으며 킨더다이크의 풍찻길이 생겨 1997년 유네스코 세계유산에 등재됨
- 17세기경 네덜란드는 바다를 메워 땅을 만드는 간척사업이 이루어졌으며 바닷가에 둑을 쌓아 바닷물이 들어오지 못하게 한 다음 풍차를 이용하여 둑 안의 물을 퍼내 땅을 만듦
- 풍차는 바닷물을 퍼올리는 펌프 역할뿐 아니라 나무를 자르고, 방아를 찧는 등 다양한 기능을 수행함
- 풍차는 마을의 소식을 전하는 역할을 했으며 마을에 경사가 있을 경우에는 풍차의 날개를 X 형태로, 휴식 중일 때는 풍차의 날개를 十자 형태로 만들었으며 이를 제2차 세계대전 당시 레지스탕스와 정보를 주고받는 방법으로 사용함

• 킨더다이크 풍차

• 킨더다이크 풍경

• 킨더다이크 풍차 내부

> 로테르담의 주요 명소

9. 흐로트한델스헤바우언
네덜란드 재건의 아이콘

- Groothandelsgebouwen. 1953년 완공된 건물로 MVRDV가 건축했으며 200개 이상의 매장과 국내외 비즈니스 오피스 용도로 사용되는 복합 건물
- 로테르담 중앙의 대규모 공공 광장에 건설함에 따라 제2차 세계대전 이후 네덜란드의 부활 및 재건을 알리는 상징적인 건물로 건설됨
- 도심이 폐허가 된 뒤 건설된 최초의 주요 구조물이었으며 시민들에게 네덜란드의 부활을 알리는 데 큰 역할을 함
- 건물에는 5개의 출입구가 있으며 주 출입구는 A 출입구. 건물의 구조물 중 콘크리트 기둥이 약 6.72m를 기준으로 일정한 배열로 놓인 것이 특징

• 흐로트한델스헤바우언 건물 외관

❼ 로테르담의 주요 명소

• 과거의 흐로트한델스헤바우언 건물*

• 과거 흐로트한델스헤바우언 건물 완공 축하연*

10. 미니월드 로테르담
로테르담 시의 작은 로테르담

- Miniworld Rotterdam. 535m²의 미니어처 도시가 구성되어 있는 곳으로 로테르담의 모습을 미니어처 모양으로 나타내고 있음
- 낮과 밤의 조명이 구현되어 있어 24분을 기준으로 낮과 밤의 미니어처를 보여 줌
- 미니어처 구성 면적 중 200m²가 로테르담시이며 미니어처 항구 중에서 가장 큰 로테르담 항구를 구성하고 있음
- 로테르담뿐 아니라 네덜란드의 교외 외곽을 구성하고 있음
- 미니어처의 실제 비율은 1:87이며 사용된 울타리는 2.3km, 스위치는 500개, 건물은 약 2,800개 이상, 피규어는 2만 7,000개 이상으로 구성되어 있음

로테르담의 주요 명소

• 미니월드 로테르담 내부

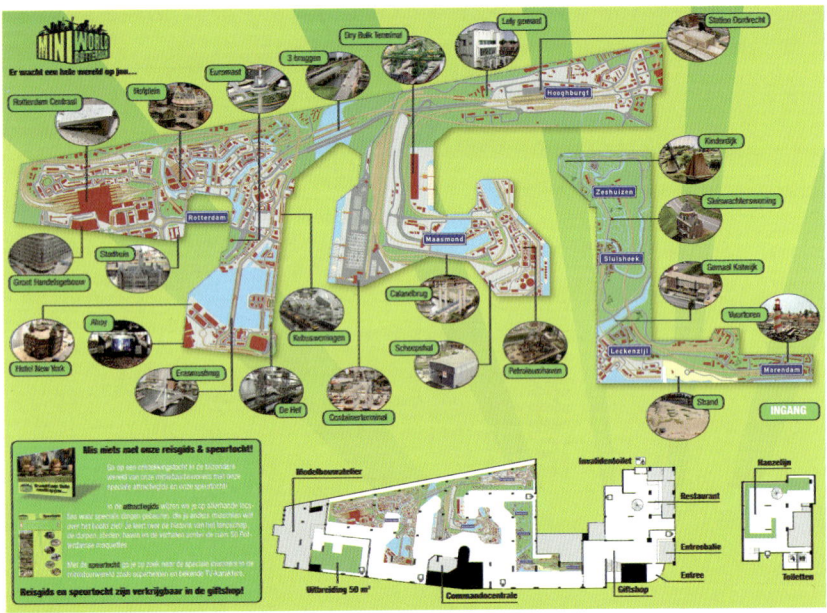

• 미니월드 로테르담 구성도

출처: miniworldrotterdam.com

11. 로테르담 자연사 박물관
로테르담의 조류, 곤충, 화석 등을 전시하는 자연사 박물관

- Natuurhistorisch Museum. 1927년 설립되었으며 초창기에는 스히담세싱얼(Schiedamsesingel)의 여학교 다락방에서 시작되었음
- 조류, 포유류, 곤충, 화석 등 다양한 표본들이 급속히 늘어나자 마테네세를란(Mathenesserlaan)의 저택으로 이전했음
- 1959년 자연사 박물관은 시 외곽 북부 은행 건물로 강제 이주되었다가 1970년 로테르담 동물원으로 이전되었음
- 1985년 자연사 박물관 재단은 독립적인 운영을 희망하여 시 당국의 지원을 통하여 1988년 로테르담 자연사 박물관이 새롭게 개관되었음
- 1990년 자연사 박물관의 개관을 통하여 박물관 공원 구성에 힘을 보탰으며 전반적인 개선을 통하여 1995년 현대식 유리 신관을 증축하고 1996년 전체 시설이 개보수되었음
- 신관은 기존의 건물과 디자인적으로 대조되는 느낌을 가지고 있으며 유리를 통하여 내부를 볼 수 있음. 내부의 향유고래 뼈가 특징적임
- 1996년 보수 이후 2007년 11년 만에 구관은 OBR사에 의해 국가지정문화재의 외관으로 복원함

❼ 로테르담의 주요 명소

• 로테르담 자연사 박물관 외관

12. 유로마스트
로테르담의 전경을 볼 수 있는 전망탑

- Euromast. 185m의 탑으로 로테르담의 전경을 볼 수 있으며 날씨가 좋을 경우에는 위트레흐트까지 볼 수 있음
- 1960년 H. A 마스칸트(H. A Maaskant)와 J. P. 판 에이스테런(J. P. van Eesteren)이 로테르담에서 열리는 꽃, 정원 전시회인 플로리아더(Floriade)의 첫 행사를 기념하기 위해 지은 건물
- 이름은 'Euro'와 'Mast'로 나뉘는데 이것은 로테르담이 유럽의 중심부에 위치하고 있으며 돛대의 의미를 가진 'Mast'는 세계 각국의 어느 언어에서도 비슷한 철자를 가지고 있어 이와 같이 명명됨
- WFGT(World Federation of Great Towers)에 속해 있으며 세계에서 가장 크고 아름다운 건축물들이 속해 있음

7 로테르담의 주요 명소

• 유로마스트에서 바라본 로테르담 스카이라인 야경*

• 유로마스트 레스토랑에서 바라본 풍경*

• 유로마스트 외관 •

로테르담의 주요 명소

13. 헷 파크
19세기부터 이어진 로테르담의 대표적인 공원

- Het Park. 시내 중심부에 위치한 로테르담의 가장 오래되고 대표적인 공원. 19세기 중반에 조성되어 1852년에 정식으로 개장했으며 저명한 조경 건축가인 조셉 팩스턴(Joseph Paxton)이 설계한 역사적이고 아름다운 공원임
- 19세기 중반, 급속한 산업화와 도시화가 진행되면서 시민들에게 여가 공간을 제공하기 위해 조성된 공원으로 약 28ha에 달하는 넓은 면적에 호수와 연못, 잔디밭, 다양한 나무와 식물이 조화를 이뤄 아름다운 경관을 자랑함
- 공원 내에는 로테르담 시내와 항구를 한눈에 내려다볼 수 있는 185m의 전망 타워 유로마스트와 아름다운 산책로인 더 라위테르카더(De Ruyterkade), 공원의 역사와 자연을 소개하는 더 비지터 센터 등이 있음

• 헷 파크 전경

14. 로테르담 극장
로테르담의 풍부한 공연 예술 역사를 담은 센터

- Theatre Rotterdam. 로테르담 주요 문화 중심지인 스하우뷔르흐플레인(Schouwburgplein) 광장에 위치하고 있으며 로 시어터(Ro Theatre), 로테르담 스하우뷔르흐(Rotterdamse Schouwburg) 및 프로뒥티하위스 로테르담(Productiehuis Rotterdam)의 합병으로 2017년 3월 설립된 공연 예술 센터
- 여러 소규모 극장과 문화 기관이 합병하여 만들어진 로테트담 극장에서는 로테르담의 풍부한 공연 예술 역사를 계승한 연극, 무용, 음악 공연을 관람할 수 있으며 최신 기술을 갖춘 현대적 공연 시설에서 최상의 공연 환경을 경험할 수 있음
- 단순 공연뿐만 아니라 다양한 워크숍, 강연, 교육 프로그램을 통해 예술 교육과 참여를 이끌어 내며 지역 사회와의 협력을 통해 모든 연령대의 관객들에게 예술적 즐거움을 선사함

• 로테르담 극장

15. 마스 터널
1942년 건설된 네덜란드의 가장 오래된 수중 터널

- Maastunnel. 로테르담의 마스(Maas)강 아래에 위치하며 도시의 북쪽과 남쪽을 연결하는 2.4km 길이의 도로 및 자전거 터널로 1942년에 완성되었으며 매일 약 7만 5,000대의 자동차와 수많은 보행자가 이용하는 로테르담 도로망의 중요한 부분임
- 마스 터널은 당시의 최신 건축 기술과 공학적 요구를 반영해 침수형 튜브 방식을 채택했으며 최초의 직사각형 수중 터널로 2차선의 자동차 터널과 각각 별도의 통로로 구분되어 있는 자전거 및 보행자 터널로 나누어져 있어 접근이 용이함
- 제2차 세계대전의 영향을 받으면서도 지속되었던 마스 터널의 건설은 당시의 기술적 도전과 혁신적인 설계를 보여 주는 역사적인 건축물로, 여전히 로테르담의 중요한 교통로 역할을 하고 있음

15. 마스 터널

• 마스 터널 에스컬레이터(왼쪽), 마스 터널 보행자 통로(오른쪽)

로테르담의 주요 명소

16. 코닝이네브뤼흐
코닝스하번을 가로지르는 도개교

- Koninginnebrug. 로테르담의 헤프(Hef) 옆에 있는 항구 도시인 코닝스하번(Koningshaven)을 가로지르는 도개교로 1870년에 개통되었으나 이후 여러 차례 개조 및 보수 작업을 거쳐 1929년 현재의 모습에 이르렀음
- 코닝이네브뤼흐는 가동 다리로 설계되어, 필요할 때 다리의 일부를 들어올려 선박이 쉽게 통과할 수 있도록 했고 여러 주요 도로와 연결되어 있어 로테르담 교통의 중요한 허브 역할을 하고 있음
- 코닝스하번 지역의 교통 흐름과 활발한 항구 활동을 책임지고 있는 코닝이네브뤼흐는 역사적 가치와 미적 디자인을 갖춘 주요 교통 및 관광 명소임

• 코닝이네브뤼흐

17. 빌렘스브뤼흐
로테르담의 현대화를 상징하는 시장교

- 1981년 C. 페이를링(Veerling)이 설계하고 네덜란드의 빌럼 3세 국왕의 이름을 따서 명명된 다리인 빌렘스브뤼흐(Willemsbrug)는 총 길이 318m의 케이블 사장교로 마스강을 가로지르며 북쪽과 남쪽을 연결해 주는 중요한 교통로임
- 1878년 개통된 철교였던 빌렘스브뤼흐는 재건 작업을 거쳐 현재의 모습이 되었고 현대적 디자인과 건축 기술을 결합한 다리의 특징인 빨간색 탑과 케이블은 로테르담의 도시 경관에 중요한 역할을 하고 있으며 특히 아름다운 야경으로 인기 있는 관광 명소가 됨

• 빌렘스브뤼흐 야경

18. 파울뤼스 교회
종교적 신념을 바탕으로 자비와 지원을 실천하는 교회

- Pauluskerk. 로테르담의 중심부인 마우리츠베흐(Mauritsweg)에 위치하고 있는 파울뤼스 교회는 종교적, 역사적 의미가 깊은 곳으로 19세기 말에 건축되어 다양한 종교 활동, 사회적 활동, 문화 행사를 통해 종교적 신념을 바탕으로 지역 사회에 긍정적인 영향을 미치고 있음
- 정기적으로 노숙인과 빈곤층에게 무료 식사와 임시 쉼터를 제공하여 긴급 보호를 지원하며 지역의 사회 복지 시설과 협력하여 노숙인들이 장기적인 쉼터를 찾을 수 있도록 연계해 주고, 노숙인들의 자립을 위해 직업 훈련, 재정 관리 교육 등을 제공함
- 그 외에도 다양한 문화 행사와 지역 사회의 모임 장소로도 활용되며 콘서트, 강연, 전시회 등의 다양한 문화 활동을 지원하고 있으며 환경 보호 활동, 자선 활동으로 지역 사회에 대한 광범위한 기여를 하고 있음

• 파울뤼스 교회 외관

19. 포드할런 로테르담
로테르담의 푸드코트

- Foodhallen Rotterdam. 푸드코트 형식으로 운영되며 맥주나 와인 같은 주류 및 다양한 음식들을 곁들여 먹을 수 있음
- 2018년 8월에 개장했으며 암스테르담에 처음 개장했고 로테르담은 두 번째 매장. 암스테르담에는 '더 할런(De Hallen)'이라 하여 편집숍이 같이 있지만 로테르담에는 음식점만 있음
- 파티나 미팅 등 이벤트를 주최할 수 있도록 공간을 빌려주기도 하며 가끔 라이브 공연을 진행하기도 함

• 포드할런 내부

19. 포드할런 로테르담

• 포드할런 드링크 바

• 포드할런 내부 DJ 테이블

로테르담의 주요 명소

20. 모이어 바울러스
페탕크를 할 수 있는 놀이형 카페

- Mooie Boules. ZOHO에 위치한 공장에 있는 바 형태의 공간으로 가족, 친구 등 다양한 사람들이 와서 즐길 수 있는 공간
- 2019년 6월에 오픈했으며 다양한 푸드 코트가 있고 내부 공간에서는 프랑스식 구슬치기 게임인 '페탕크(Petanque)'를 할 수 있음

• 모이어 바울러스 외관

20. 모이어 바울러스

• 모이어 바울러스 내부

• 페탕크 게임

21. 보트 택시
로테르담의 수상 택시

- Boat Taxi. 로테르담에는 운하가 많고 도시 곳곳에 흐르기 때문에 육상 교통 뿐 아니라 수상 교통이 발달하여 노란 색의 택시와 비슷하게 노란색의 보트가 운행됨
- 보트 택시의 운전자들은 모두 보트 및 다양한 배를 운행한 경험이 있으며 선장이나 조타수들이 아르바이트를 하는 경우도 있음

• 보트 택시

21. 보트 택시

• 보트 택시 승강장

• 보트 택시 승강장

22. MVRDV 건축 설계 사무실
전 세계적으로 앞서 나가고 있는 건축 설계 사무실

- MVRDV는 로테르담에 본사를 둔 저명한 건축 설계 사무실로, 1993년에 설립되어 베를린, 뉴욕, 파리, 상하이에 지사를 두고 있으며 현재 세계 최고의 건축 회사 중 하나로 여겨지고 있음
- 기업명은 공동 설립자들인 비니 마스(Winy Maas), 야코프 판 레이스(Jacob van Rijs), 나탈리 더 프리스(Nathalie de Vries)의 성을 합친 것으로, 이들은 MVRDV의 혁신적이고 실험적인 건축 디자인을 이끌어 오고 있음. 대표 프로젝트로는 크리스탈 하우스(Crystal Houses), 실로담(The Silodam), 마르크트할(Markthal) 등이 있으며 독특하고 창의적인 아이디어와 기술적인 혁신으로 세계적인 주목을 받고 있음
- MVRDV만의 혁신적이고 실험적인 건축 기술은 건축계에서 높은 평가를 받고 있으며, 47개국에서 진행한 프로젝트로 권위 있는 상인 미스 반 데어 로에 상(Mies van der Rohe Award), 콘크리트 디자인 상(Concrete Design Award), 아키타이저 A플러스 어워드(Architizer A+ Award) 등 총 227번의 수상 경력을 자랑하며 현대 건축계의 기준을 새롭게 정의하고 있음

22. MVRDV 건축 설계 사무실

• MVRDV 사무실 외관

도시의 얼굴 - 암스테르담·로테르담

8

기타 자료

1. 세계 주요 도시별 면적·인구 현황(2023년 기준)

도시	면적(km²)	인구(명)	인구밀도(명/km²)
뉴욕	789.4	8,258,035	10,461
런던	1,579	8,982,256	5,689
파리	105.4	2,102,650	19,949
도쿄	2,194	13,988,129	6,376
베를린	891	3,769,495	4,231
함부르크	755	1,910,160	2,530
서울	605.2	9,919,900	16,397
암스테르담	219.3	821,752	3,747
로테르담	319.4	655,468	2,052
샌프란시스코	121.5	808,437	6,654
밀라노	181.8	1,371,498	7,544
베네치아	414.6	258,051	622

2. 세계 초고층 빌딩 현황

순위	건물 명칭	도시	국가	높이(m)	층수	착공	완공(예정)	상태
1	부르즈 칼리파	두바이	사우디아라비아	828	163	2004	2010	완공
2	메르데카 118	쿠알라룸푸르	말레이시아	680	118	2014	2023	완공
3	상하이 타워	상하이	중국	632	128	2009	2015	완공
4	메카 로얄 시계탑	메카	사우디아라비아	601	120	2002	2012	완공
5	핑안 금융 센터	심천	중국	599	115	2010	2017	완공

순위	건물 명칭	도시	국가	높이 (m)	층수	착공	완공 (예정)	상태
6	버즈 빙하티 제이콥 앤 코 레지던스	두바이	사우디 아라비아	595	105		2026	건설중
7	롯데월드타워	서울	한국	556	123	2009	2016	완공
8	원 월드 트레이드 센터	뉴욕	미국	541	94	2006	2014	완공
9	광저우 CTF 파이낸스 센터	광저우	중국	530	111	2010	2016	완공
10	톈진 CTF 파이낸스 센터	톈진	중국	530	97	2013	2019	완공
11	CITIC 타워	베이징	중국	527	109	2013	2018	완공
12	식스 센스 레지던스	두바이	사우디 아라비아	517	125	2024	2028	건설중
13	타이베이 101	타이베이	중국	508	101	1999	2004	완공
14	중국 국제 실크로드 센터	시안	중국	498	101	2017	2019	완공
15	상하이 세계 금융 센터	상하이	중국	492	101	1997	2008	완공
16	톈푸 센터	청두	중국	488	95	2022	2026	건설중
17	리자오 센터	리자오	중국	485	94	2023	2028	건설중
18	국제상업센터	홍콩	중국	484	108	2002	2010	완공
19	노스 번드 타워	상하이	중국	480	97	2023	2030	건설중
20	우한 그린랜드 센터	우한	중국	475	101	2012	2023	완공
21	토레 라이즈	몬테레이	멕시코	475	88	2023	2026	건설중
22	우한 CTF 파이낸스 센터	우한	중국	475	84	2022	2029	건설중
23	센트럴파크 타워	뉴욕	미국	472	98	2014	2020	완공
24	라크타 센터	세인트 피터스버그	러시아	462	87	2012	2019	완공
25	빈컴 랜드마크 81	호치민	베트남	461	81	2015	2018	완공

3. 세계 주요 도시의 공원

번호	도시, 국가	공원 이름	면적(km^2)	설립 연도
1	런던, 영국	리치먼드 공원(Richmond Park)	9.55	1625
2	파리, 프랑스	부아 드 불로뉴(Bois de Boulogne)	8.45	1855
3	더블린, 아일랜드	피닉스 공원(Phoenix Park)	7.07	1662
4	멕시코시티, 멕시코	차풀테펙 공원(Bosque de Chapultepec)	6.86	1863
5	샌디에이고, 미국	발보아 파크(Balboa Park)	4.9	1868
6	샌프란시스코, 미국	골든게이트 공원(Golden Gate Park)	4.12	1871
7	밴쿠버, 캐나다	스탠리 파크(Stanley Park)	4.05	1888
8	뮌헨, 독일	엥글리셔 가르텐(Englischer Garten)	3.70	1789
9	베를린, 독일	템펠호퍼 펠트(Tempelhofer feld)	3.55	2010
10	뉴욕, 미국	센트럴 파크(Central Park)	3.41	1857
11	베를린, 독일	티어가르텐(Tiergarten)	2.10	1527
12	로테르담, 네덜란드	크랄링세 보스(Kralingse Bos)	2.00	1773
13	런던, 영국	하이드 파크(Hyde Park)	1.42	1637
14	방콕, 태국	룸피니 공원(Lumpini Park)	0.57	1925
15	글래스고, 영국	글래스고 그린 공원(Glasgow Green)	0.55	15세기
16	도쿄, 일본	우에노 공원(Ueno Park)	0.53	1924
17	암스테르담, 네덜란드	폰덜 파크(Vondel park)	0.45	1865
18	함부르크, 독일	플란텐 운 블로멘(Planten un Blomen)	0.47	1930
19	로테르담, 네덜란드	헷 파크(Het Park)	0.28	1852
20	도쿄, 일본	하마리큐 공원(Hamarikyu Gardens)	0.25	1946
21	에든버러, 영국	미도우 공원(The Meadows)	0.25	1700년대
22	바르셀로나, 스페인	구엘 공원(Park Güell)	0.17	1926
23	밀라노, 이탈리아	몬타넬리 공공 공원(Giardini pubblici Indro Montanelli)	0.17	1784
24	파리, 프랑스	베르시 공원(Parc de Bercy)	0.14	1995
25	서울, 한국	여의도 공원(Yeouido Park)	0.23	1972
26	서울, 한국	서울숲(Seoul Forest)	0.12	2005

도시의 얼굴 - 암스테르담·로테르담

9

참고 문헌 및 자료

SH공사 도시연구소, (2012) 유럽도시 선진주거단지 및 도시 재생 사례연구
신승수, (2017.03) 네덜란드 건축정책의 변화 양상과 시사점, 건축과 도시공간
하지영, (2009) 네덜란드 암스테르담 수변개발 사례
국토연구원, (2015.09) 도시연구본부 해외출장복명서
이금진, (2016) 주거, 문화 오픈스페이스를 고려한 암스테르담 이스턴하버지역 수변개발 특성 연구, 대한건축학회논문집
Randy Shaw. Generation priced Out. University of California Press
Richard Senett. Building and Dwelling. Farrar, Straus and Giroux
John Shearman. Only Connect Art and the Spectator in the Italian Renaissance. Princeton University Press
PWC (2018) Emerging Trends in Real Estate Reshaping the future Europe
Ráhel Czirják, László Gere (2017.11) The relationship between the European urban development documents and the 2050 visions
Andrea Colantonio and Tim Dixon (2011) Urban Regeneration & Social SustainabilityBest practice from Europe Cities
Elsevier (2011) The importance of context and path dependency
Antoni Remesar (2016) The Art of Urban Design in Urban Regeneration, Universitat de Barcelona
Journal Of Urban Planning, (2017.06) Urban regeneration in the EU, Territory of Research on Settlements and Environment International
De Gregorio Hurtado, S. (2017): "A critical approach to EU urban policy from the viewpoint of gender", en Journal of Research on Gender Studies, 7(2), pp. 200~217.
De Gregorio Hurtado, S. (2012). Urban Policies of the EU from the perspective of Collaborative Planning. The URBAN and URBAN II Community Initiatives in Spain. PhD Thesis.Universidad Politécnica de Madrid.
De Luca, S. (2016). "Politiche europee e città stato dell'arte e prospettive future", in Working papers. Rivista online di Urban@it, 2/2016. Accesible en: http://www.urbanit.it/wp-content/uploads/2016/10/6_BP_De_Luca_S.pdf (last accessed 5/9/2017).
European Commission (2008). Fostering the urban dimensión. Analysis of the operational programmes co-financed by the European Regional Development Fund (2007~2013). Working document of the Directorate-General for Regional Policy.
Informal meeting of EU Ministers on urban development (2007): Leipzig Charter. Available in: http://ec.europa.eu/regional_policy/archive/themes/urban/leipzig_charter.pdf (last-accessed: 2/9/2017
BNA, (2016) The power of architecture: a Dutch approach,
I amsterdam Business Magazine AMS NR 7 2017~2018, 2017.07
Sustainable regeneration in urban areas urbact ii capitalisation, 2015.04
Elsevier B. (2015.05) Amsterdam in the 21st century: Geography, housing, spatial development and politics,
OECD, (2017) The governance of land use in the Netherlands: The case of Amsterdam,
Hulsman, B.,(2007) Eastern Harbour District Amsterdam, NAi Pu blishers,

Jolles, A. (2003) Planning Amsterdam 1928~2003: Scenarios for Urban Development, NAi Publishers, Rotterdam,

Green legacy of the third Golden AgeWouter van der Veur Plan Amsterdam, 2017.03

PWC, (2014) Amsterdam A City of Opportunity,

Amsterdam, (2011.01) Economically strong and sustainable Structural Vision: Amsterdam 2040, PLAN

NAi Publishers, Eastern Harbour District Amsterdam, Urban Architecture,

Port of Rotterdam Authority, (2011.05) Port Vision 2030

Port of Rotterdam Authority, (2014.12) Progress Report 2014 Port Vision 2030

City of Rotterdam, (2016.05) Rotterdam Resilience Strategy,

City of Rotterdam, (2014) DELTA Rotterdam

The Netherlands, (OECD, 2009) The City of Rotterdam

ROAMING Rotterdam Walking/bicycle route through imposing architecture, Rotterdam Information Center

http://ec.europa.eu/regional_policy/en/policy/themes/urban-development/
http://www.urbact.eu/urbact-glance
https://ec.europa.eu/futurium/en/urban-agenda
http://urbact.eu/integrated-urban-development#
http://www.globalpropertyguide.com/
https://uli.org/
https://www.ierek.com/events/urban-regeneration-sustainability-2#conferencetopics
https://www.nestpick.com/millennial-city-ranking-2018/
https://ubin.krihs.re.kr/ubin/index.php
http://www.skyscrapercenter.com/
https://graylinegroup.com/urbanization-catalyst-overview/
http://www.oecd.org/sdd/cities
https://www.historyofholland.com/dutch-architecture.html
https://ubin.krihs.re.kr/ubin/wurban/citydesign_view.php?no=1492&thema=&start=0
https://www.iamsterdam.com/en/
http://www.easterndocklands.com/
http://hamtaengs.tistory.com/m/60?category=335255
http://oma.eu/projects/oostelijke-handelskade
https://digitalcityindex.eu/city/1
https://www.arcam.nl/en/parkrand/
https://wemakethe.city/2018/nl/tickets
https://www.gardenvisit.com/gardens/west_gas_factory_culture_park-cultuurpark_westergasfabriek
http://www.gp-b.com/cultuurpark-westergasfabriek
http://ec.europa.eu/regional_policy/en/policy/themes/urban-development/
http://www.urbact.eu/urbact-glance
https://ec.europa.eu/futurium/en/urban-agenda

❾ 참고 문헌 및 자료

http://urbact.eu/integrated-urban-development#
https://www.rotterdam.nl
https://www.cityrotterdam.com/en/visit/art-in-public-spaces-rotterdam
https://en.rotterdam.info/about-rotterdam/
https://www.holland.com/global/tourism/destinations/rotterdam/rotterdam-3.htm
https://www.weekendsinrotterdam.com/routes/architecture-route-in-rotterdam/
https://mvsa-architects.com/project/projects-rotterdam-central-station- transportation-logistics/
http://dutchculturekorea.com/?tag=museum-boijmans-van-beuningen
https://hetnieuweinstituut.nl/
https://en.wikipedia.org
westergas.nl
www.ndsm.nl
www.eyefilm.nl
www.adamlookout.com
www.heineken.com
www.mvrdv.nl
www.easterndocklands.com
www.iamsterdam.com
www.nemosciencemuseum.nl
www.magnaplaza.nl
en.starbucks.nl
www.amsterdam.info
www.rijksmuseum.nl
www.vangoghmuseum.nl
www.annefrank.org
www.rembrandthuis.nl
www.debijenkorf.nl
www.wamsterdam.nl
www.kaasland.eu
pancake.nl
en.rotterdam.info
www.holland.com
derotterdam.nl
www.fenixfoodfactory.nl
hetnieuweinstituut.nl
www.luchtsingel.org
www.kcap.eu
www.pathe.nl
oma.eu

blaak31.nl
willemswerf.weebly.com
www.nederlandsfotomuseum.nl
www.tkmaxx.nl
www.rotterdam.nl
www.boijmans.nl
www.eur.nl
www.codarts.nl
www.dedoelen.nl
www.cityrotterdam.com
www.insideflows.org
hotelnewyork.com
www.ghg.nl
www.miniworldrotterdam.com
www.hetnatuurhistorisch.nl
euromast.nl
foodhallen.nl
www.mooieboules.nl
www.cityguiderotterdam.com
https://www.valley.nl/valley
https://www.mvrdv.nl/projects/233/valley
https://www.valley.nl/
https://www.globalconstructionreview.com/organic-architecture-work-starts-mvrdvs-amsterdam/
https://www.volkerwessels.com/en/projects/valley_amsterdam
https://www.arup.com/projects/valley
https://www.archidiaries.com/valley-mvrdv/
https://www.archdaily.com/879113/mvrdv-breaks-ground-on-mixed-use-valley-to-inject-life-into-amsterdams-business-district
https://worldarchitecture.org/articles/cvgeg/construction_started_on_mvrdv_s_crazy_valley_in_amsterdam.html
https://zuidas.nl/en/project/valley/
https://dehallen-amsterdam.nl/en/the-building/
https://nl.wikipedia.org/wiki/De_Hallen_(Amsterdam)
https://www.iamsterdam.com/en/whats-on/calendar/attractions-and-sights/sights/de-hallen-amsterdam
https://www.amsterdamsights.com/attractions/de-hallen.html
https://dehallen-amsterdam.nl/en/agenda/glue-amsterdam-denim-city/
https://denimcity.org/
https://www.mvrdv.com/projects/240/crystal-houses
https://en.wikipedia.org/wiki/Sluishuis

❾ 참고 문헌 및 자료

https://edge.tech/buildings/edge-stadium-amsterdam
https://www.se.com/kr/ko/work/campaign/life-is-on/case-study/the-edge.jsp
https://en.wikipedia.org/wiki/Moco_Museum
https://www.iamsterdam.com/en/whats-on/calendar/museums-and-galleries/museums/moco-museum
https://www.zaanseschans.com/
https://en.wikipedia.org/wiki/Zaanse_Schans
https://nthapartments.com/about-us/
https://miesarch.com/work/5076
https://www.mvrdv.nl/projects/10/depot-boijmans-van-beuningen
https://www.mvrdv.nl/news/3994/new-type-art-experience-depot-boijmans-van-beuningen-opens-this-week
https://www.nationalgeographic.nl/geschiedenis-en-cultuur/2021/10/de-pot-van-rotterdam
https://www.archdaily.com/948370/depot-boijmans-van-beuningen-mvrdv
https://www.dezeen.com/2021/11/08/depot-boijmans-van-beuningen-rotterdam-mvrdv/
https://www.boijmans.nl/en/news/depot-boijmans-van-beuningen-highest-point-reached
http://www.dreamideamachine.com/?p=61906
https://news.artnet.com/art-world/depot-boijmans-van-beuningen-opens-2029819
https://www.boijmans.nl/depot/over-het-depot
https://architecture-news.com/mrdv/
https://africapearl.com/2021/11/08/take-a-look-inside-mvrdvs-depot-boijmans-van-beuningen-in-rotterdam.html
https://magazine.notefolio.net/669
https://www.kunsthal.nl/nl/over-de-kunsthal/gebouw/
https://en.wikipedia.org/wiki/Kunsthal
https://nl.wikipedia.org/wiki/Het_Park_(Rotterdam)
https://www.theaterrotterdam.nl/
https://nl.wikipedia.org/wiki/Theater_Rotterdam
https://nl.wikipedia.org/wiki/Koninginnebrug_(Rotterdam)
https://en.wikipedia.org/wiki/Maastunnel
https://en.wikipedia.org/wiki/Willemsbrug
https://ko.wikipedia.org/wiki/MVRDV
https://www.mvrdv.com